EL RESTAURANTE
COMO EMPRESA

Carlos Durón es contador público con maestría en Administración y en Enseñanza Superior. Es catedrático en el área de Finanzas y Contabilidad en diferentes escuelas, tales como: Universidad de Turismo y Ciencias Administrativas (UTCA), Escuela Superior de Administración de Instituciones (ESDAI), Universidad Simón Bolívar, Universidad Anáhuac del Sur, Universidad de las Américas Puebla y Escuela Mexicana de Turismo.

EL RESTAURANTE
COMO EMPRESA

Carlos Durón García

EDITORIAL TRILLAS

México, Argentina, España,
Colombia, Puerto Rico, Venezuela

Catalogación en la fuente

Durón García, Carlos
   El restaurante como empresa. -- 5a ed. -- México : Trillas,
2020.
   266 p. : il. ; 24 cm. -- (Trillas turismo)
   Bibliografía: p. 259-260
   Incluye índices
   ISBN 978-607-17-3943-8

   1. Restaurantes, cafeterías, etc. - Administración. I. t.
II. Ser.

D- 658.15937'D486r   LC- HF5686.H75'D8.7   1774

División Administrativa,
Av. Río Churubusco 385,
Col. Gral. Pedro María Anaya,
C. P. 03340, Ciudad de México
Tel. 56884233
FAX 56041364
churubusco@trillas.mx

División Logística,
Calzada de la Viga 1132,
C. P. 09439, Ciudad de México
Tel. 56330995, FAX 56330870
laviga@trillas.mx

Tienda en línea
www.etrillas.mx

Miembro de la Cámara Nacional de
la Industria Editorial Mexicana Reg. núm. 158

Primera edición XO
(ISBN 978-968-24-3022-4)
◊(OI)
Segunda edición OX
(ISBN 978-968-24-5614-2)
Tercera edición SI (ISBN 978-968-24-6848-5)
Cuarta edición SX (ISBN 978-968-24-7123-0)
◊(TR, TA)

Quinta edición, febrero 2020
ISBN 978-607-17-3943-8

Impreso en México
Printed in Mexico

PRÓLOGO

Dentro de la actividad turística el giro que más aperturas, traspasos y quiebras genera año con año es el sector restaurantero.

Cada año cientos de personas apuestan su capital y muchas otras comprometen su patrimonio y su futuro en la actividad gastronómica, con la idea de que se trata de un negocio sencillo, seguro y muy productivo. Por desgracia, la gran mayoría de estos inversionistas lo han comprobado con rendimientos precarios o aun con el cierre de sus negocios, con la consecuente pérdida de su inversión, pues los restaurantes pertenecen a una actividad compleja, llena de situaciones particulares y que ha evolucionado a pasos agigantados; requiere de gente con experiencia, conocimientos y habilidades profesionales, fundamentados en un sistema de valores que les permita a sus empresas ser rentables, permanentes y competitivas.

El mundo de hoy propone una aguerrida competencia, la tendencia en el sector es la profesionalización para ofrecer al consumidor, cada vez más conocedor y exigente, un mejor servicio, calidad y, sobre todo, innovación.

La industria restaurantera nacional capta en promedio 28 % del gasto efectuado por cada turista nacional o extranjero, y aporta 3 % del PIB nacional.

Existen en el territorio nacional más de 500 000 establecimientos de alimentos y bebidas, de los cuales 4 % pertenecen al segmento organizado, generando 45 % de las ventas del sector y 56 % de los empleos, el restante 96 % lo conforma el segmento tradicional, más sensible y vulnerable a todos los problemas y vaivenes de la economía nacional.

La problemática que muestra el sector restaurantero, es en especial originada por una falta de capacidad para administrar los negocios. En este libro, EL RESTAURANTE COMO EMPRESA, el autor plantea de una manera ágil y concisa todo el esquema financiero que se requiere en la operación de un establecimiento de alimentos y bebidas, considerando desde un diagnóstico de la actividad restaurantera –parte sustantiva para la planeación de cualquier acción– hasta los elementos que deben considerarse en la toma de decisiones con un enfoque administrativo financiero.

Carlos Durón hace una breve pero clara presentación, paso a paso, de la estructuración de un sistema de información financiera, así como la organización que debe existir en el departamento de contabilidad y las funciones que deben desarrollarse desde el punto de vista contable, que permite al lector su fácil comprensión y, por tanto, una mejor aplicación en el negocio. Es un verdadero programa de trabajo, bien pensado, experimentado, en gran parte por una vida dedicada al tema y la actividad que día a día demanda nuevos retos y oportunidades, pero con un gran futuro para todas aquellas personas comprometidas con el mejor quehacer de la actividad restaurantera.

PRESENTACIÓN

EL RESTAURANTE COMO EMPRESA es una obra que viene a replantear el negocio de restaurantería, a efecto de que este no sea visto como una actividad eminentemente empírica, sino como una empresa competitiva para cuyo establecimiento y desarrollo es necesario considerar una serie de principios básicos de carácter técnico-administrativo.

Con la publicación de esta obra, queremos proporcionar a los estudiantes y docentes de las carreras de turismo en todos los niveles, un material bibliográfico que les permita obtener una visión más amplia y generar nuevas inquietudes en relación con este tema, así como brindar a todas las personas relacionadas con empresas restauranteras, sugerencias y herramientas que les sean de gran utilidad para mejorar la operación de sus negocios.

ÍNDICE DE CONTENIDO

INTRODUCCIÓN

El ritmo de la vida moderna está muy lejos de ser apacible. Ambiciones desencadenadas están a punto de provocar el colapso de la humanidad, de este mundo sobrepoblado, tenso e inestable. Esta cultura vertiginosa está precariamente equilibrada y mantenida así por los hombres equilibrados en igual forma, que maneja a su capricho nuestros destinos.

Para mantener la estabilidad física y moral de la raza humana, la ciencia investiga sin descanso, logrando nuevos descubrimientos, interrogando los espacios cósmicos o buscando alguna droga parecida a la que aconsejaba Aldous Huxley: "el soma" védico, la ambrosía mítica, el euforizante perfecto que combinara las cualidades más deseables de otras drogas, sin sus defectos, para lograr la restauración moral apetecida.

Sin embargo, para lograr lo anterior debe pensarse que las verdaderas fronteras de la investigación no se encuentran en ningún laboratorio ni en vastos espacios interplanetarios, sino en nosotros mismos, en la paz interior, en el olvido del amargo dilema expresado en el soliloquio de Hamlet, encontrando de nuevo la felicidad en el goce de las cosas sencillas, no en la búsqueda de elementos para la propia aniquilación o de conquistas.

Esta reflexión de Elena Ocampo de Sanz* sugiere que, a diferencia de todas, la única conquista incruenta la ha logrado la cocina. La ciencia culinaria ha traspasado fronteras e invadido territorios, quedando tranquila y victoriosa, sin saqueos ni devastaciones, siendo portadora de los goces más legítimos, ya que un platillo apetitoso se impone por su valor intrínseco, por sus propios méritos.

Al conjunto de Gasterea, diosa de los placeres de la mesa, o de Oinos, señor del vino, la vida se hace más amable, las potencias del alma se vuelven

---

*Elena Ocampo de Sanz, *Cocina internacional*, Compañía Editorial Continental, México, 1963.

más perceptivas y se gozan esos momentos con toda intensidad, olvidando de momento las vicisitudes del tráfago cotidiano.

En ese orden de ideas, el negocio restaurantero desempeña un papel fundamental en las complejas relaciones sociales, ofreciendo un témporo remanso que invita al íntimo relajamiento del individuo e incluso, en muchos casos, a la reflexión y comprensión de la raza humana.

Por otra parte, la industria restaurantera es un detonador del crecimiento económico de un país y un negocio redondo para quien lo administre. Ofrece miles de plazas laborales, además de rentabilidad a sus propietarios y gozo a sus comensales. Abrir y operar un restaurante siempre resultará una aventura fascinante y muy atractiva, pues hay un amplio mercado ávido de novedades. Por tanto, la responsabilidad de aquellos interesados en mantener vigente un concepto serio y honesto de la hospitalidad los obliga a profesionalizar sus servicios, actualizándose cotidianamente para adquirir más y mejores conocimientos, habilidades y capacidades.

Reconocer el valor del sacrificio y la experiencia de aquellos operadores que a lo largo del tiempo han conformado y desarrollado el gremio restaurantero, genera una enorme fortaleza y un bagaje de experiencias acumuladas durante décadas. Es por eso que las historias de éxito, y por qué no, las de fracaso, deben ser estudiadas, analizadas y comprendidas por todo aquel involucrado en esta maravillosa actividad.

Por otro lado, y debido a que el mundo de los negocios se ha convertido en un campo de especialistas, el restaurantero requiere no solo poseer ciertas habilidades culinarias, hoy día se necesita conocer, además de ello, la función administrativa y empresarial, que conlleve al negocio a una duradera estancia en competido entorno de los servicios; un restaurante debe proporcionar a sus propietarios las utilidades razonables que garanticen la continuidad del negocio, pues si existen limitaciones financieras, estas provocarán limitaciones en todo el contexto de la organización.

Para lograr el éxito empresarial requiere desarrollarse una filosofía de servicio que combine el sentido común, que muchos de los operadores poseen, con la capacitación necesaria para alcanzar los resultados deseados al momento de iniciar la operación, esta filosofía básica puede resumirse de la siguiente manera: "hacer que las cosas sucedan".

RECETA DEL ÉXITO RESTAURANTERO

Alimentos y bebidas de calidad
Preparación uniforme
Servicio atento
Ambiente agradable
Valor satisfecho
Administración eficaz

YUM![1]

La misión de Yum! es crear la mejor compañía de restaurantes del mundo, un lugar al que a la gente le agrade llegar a trabajar todos los días, que realice sus labores comprometida con alcanzar grandes resultados y con un sentido de responsabilidad en todo lo que hacen.

Nuestra receta para el éxito comienza con la idea de que todo lo que hacemos gira en torno a que la gente tenga una cara "Yum!", brindando a nuestros consumidores la comida que más les gusta a precios que los hagan regresar, con personas dedicadas a prestar un servicio único a todos los clientes.

Estamos creando restaurantes de clase mundial con una cultura basada en que la gente es primero. Nuestros restaurantes están a cargo de personas que conocen y aman este negocio. Nuestros Gerentes Generales de Restau-

---

[1]Actualmente Yum! cuenta con 32 % de participación en la industria de comida rápida. Asimismo, continúa con su estrategia de crecimiento acelerado para las marcas KFC y Pizza Hut, a través de la combinación de unidades propias y franquicias. En este año, Yum! y sus franquiciados invertirán varios millones de dólares en este programa de desarrollo a lo largo del territorio mexicano.

Yum! además es propietaria de las marcas Taco Bell, Long John Silver's y A&W All American Food, con más de 30 mil restaurantes en más de 100 países. En México, cuenta con 450 restaurantes de las marca KFC y Pizza Hut <www.yum.com>.

rantes (GGR) son nuestros líderes número uno; nuestros titulares de una franquicia son nuestros socios más importantes.

Para convertir a Yum! en un competidor dinámico del mercado, creamos una estrategia que incluye nuestra **pasión**, **valores fundamentales** y **cómo trabajamos juntos**. Estos tres principios refuerzan nuestro compromiso con nuestros empleados y consumidores.

Pasión de Yum!

La pasión de Yum! es:

Actuar como un sistema para que nuestros clientes en todo el mundo tengan una cara Yum!… esa experiencia especial al comer que hace sonreír y crea clientes de por vida:

- La comida que más le gusta.
- El valor que lo hace regresar.
- Equipos enfocados en los clientes.

Nuestros empleos serán los mejores del mundo para personas comprometidas con alimentos de calidad y para quienes desean satisfacer a los clientes más que a nadie.

Valores fundamentales de Yum!

Nuestros valores fundamentales detallan la forma en que dirigimos nuestros negocios:

- La capacidad de las personas es primero… los clientes satisfechos y las ganancias vienen después.
- Responder a lo que dice el cliente… no solo escucharlo.
- El GGR es nuestro líder número 1… no el equipo directivo.
- Administrar cada restaurante como si fuera el único que tenemos… evitar la trampa de los promedios.
- El reconocimiento demuestra que usted se preocupa… las personas se van cuando no lo hace.
- Operaciones excepcionales; la innovación de mercadotecnia genera ventas… no que lo señalen con el dedo.
- Disciplina operativa a través de procesos y normas… hacer lo correcto continuamente, no para el "programa del mes".
- Los titulares de una franquicia son activos vitales… operar como un sistema, no como dos.
- Calidad en todo lo que hacemos… en especial en la comida.

Cómo trabajamos juntos

Una de las principales fortalezas de Yum! son sus empleados. Creemos en ellos y los tratamos con respeto para promover una atmósfera de solidaridad, comunicación abierta y sincera. En conexión con esto, nuestros principios de "cómo trabajamos juntos" constituyen una de las bases fundamentales sobre las cuales administraremos nuestro negocio.

Sea el líder, actúe como el líder

Clientemanía. Somos clientemaniacos. Nuestros equipos en restaurantes y en los centros de apoyo deben escuchar y responder a la voz del cliente. Entregamos 100 % con una actitud de Sí se puede.

Creer en la gente. Creemos en la gente, confiamos en sus intenciones positivas, incentivamos las ideas de todos y desarrollamos activamente una fuerza laboral con diversos estilos y antecedentes.

Reconocimiento. Encontramos razones para celebrar los logros de los demás y nos divierte hacerlo.

Capacitación y apoyo. Nos capacitamos y apoyamos mutuamente, enfocándonos primero en lo que apreciamos de los demás y luego en cómo podemos ser más efectivos.

Responsabilidad. Hacemos lo que prometemos, somos responsables, actuamos como dueños.

Excelencia en la ejecución. Superamos los resultados del año anterior mejorando e innovando continuamente, dando un continuo e intenso seguimiento.

Energía positiva. Operamos con energía positiva e intensidad.... Odiamos la burocracia y todo el esfuerzo sin sentido que genera.

Trabajo en equipo. Aplicamos la práctica equipo unido, equipo separado (*team together, team apart*) después de un conflicto productivo.

Creatividad e innovación al estilo Ferran Adrià

1. Tener empatía

Capacidad de escuchar, de observar, mente abierta lista para aprender (con humildad).

En momentos difíciles, para tener ingresos, el Bulli organizaba cursos. Uno de los mayores beneficios de estos, de acuerdo con Adrià, fue lo que ellos aprendieron de los alumnos (y eran discípulos principiantes). La humildad, al conocer sus propias limitaciones, y el tener mente abierta son prerrequisitos para poder aprender, como en su momento lo afirmaba el doctor Carlos Llano.

2. Cuestionarse de manera constante

Preguntarse, ¿por qué no?, tanto en los productos como en los procesos. El famoso *questioning* que mencionaba Clay Christensen en su libro sobre el ADN del innovador. Adrià con frecuencia cuestionaba cosas, la famosa receta de la crema inglesa (que se hacía igual desde hace siglos) fue modificada por él cuando conoció el sifón ISI, implemento de cocina que permite hacer espuma del material mediante la adición de gas carbónico (en lugar de batir claras, lo que afectaba el sabor). Con el sifón ISI se mantiene la pureza del sabor y se cambia la presentación.

3. Evitar zonas de confort

No tener miedo a dejar la comodidad de lo seguro. Salir de la comodidad. A menudo me recuerda aquel viejo chiste donde una persona ve a otra buscando las llaves de su auto que se le cayeron, y se ofrece a ayudarle. Le pregunta: "¿en dónde se te cayeron?", y el otro responde: "allá", y el primero vuelve a cuestionar: "¿y entonces por qué las buscas acá?", a lo que el segundo responde: "es que acá hay luz…". Todos sabemos buscar donde hay luz, pero ahí no están las llaves, debemos buscar en donde no hay, y entonces tendremos que innovar para encontrar las maneras diferentes de hacerlo, aunque eso implique experimentar y hasta ser poco eficaz al principio.

4. Romper paradigmas

Cambiar las nociones y concepciones existentes, rehacer definiciones. Los conceptos e ideas culinarios que siempre han sido fijos e inmutables se ven trastornados por Adrià, así comienza la "deconstrucción" (término filosófico) del platillo, al descomponerlo en sus ingredientes para ser presentado de manera diferente (con utensilios, platos y cubiertos redefinidos, fuera de su contexto). Por ejemplo, el clásico mojito se vuelve una pequeña cubeta de hojalata llena de hielo molido con pedazos (bastones) de caña de azúcar, inyectados de ron y adornados con hojas de menta insertadas al trozo de caña; incluso hay instrucciones para tomarlo: se mastica el pedazo de caña, sale jugo mezclado con el ron, aromatizado por la menta y frío por el contacto del hielo. Adrià ha redefinido el concepto, deconstruyéndolo.

5. Apasionarse, como elemento imprescindible

Pasión que está presente en lo que se hace día a día en la cocina, la cual se asemeja a la que tiene un jugador empedernido (valga la comparación), que no se separa de lo que está haciendo y lo goza enormemente; aunque sabe que no todo lo que intenta será un éxito, está íntimamente relacionado con:

- **La experimentación.** Esto es jugar, ensayar y arriesgarse a la prueba y el error, como sucede en Google, que aunque los proyectos no "salgan" siempre quedan pepitas (así les llaman) que se pueden aprovechar, experiencias de caminos recorridos al hacerse cuestionamientos.
- **Llevar ideas a sus últimas consecuencias.** Considerar todas las posibles ramificaciones. Las ideas al experimentarlas no se agotan en sí mismas; en ocasiones, a la hora de crear un platillo nuevo se aprovechan procesos creados para otra cosa y, al mismo tiempo, se desarrollan procesos o métodos que servirán para nuevos experimentos.[2]

Destrucción creativa

Basque Culinary Center tiene como fin la formación superior, la investigación y la innovación de la gastronomía y la alimentación; es una institución académica pionera a nivel mundial. Son miembros de su Patronato Mondragon Unibertsitatea, siete de los mejores chefs vascos, empresas líderes en el sector de alimentación y bebidas, y AZTI Tecnalia. Cuenta también con un consejo internacional, con la implicación de 11 de los chefs más influyentes del mundo.

Basque Culinary Center tiene como fin la formación superior, la investigación, innovación y promoción de la gastronomía y la alimentación. Desde su creación, en septiembre de 2011, trabaja para ser el referente a nivel internacional en estas materias, así como para impulsar la gastronomía como palanca de desarrollo socioeconómico a través de la Facultad de Ciencias Gastronómicas y el Centro de Investigación e Innovación. El Patronato de la Fundación Basque Culinary Center está representado por instituciones, cocineros de referencia y empresas nacionales e internacionales.

En el **Encuentro para dialogar**, organizado por dicha institución, se obtuvieron las siguientes conclusiones:

1. El restaurante equivale al comedor de una casa y engloba todo lo que pasa alrededor de una mesa. Así, la sala se fundamenta necesariamente en el arte de recibir y en asumir el rol como anfitrión.
2. Para el sector restaurantero sería terrible que los profesionales de la sala consideraran que su papel no es importante; es un oficio del que deben estar orgullosos.
3. El negocio gastronómico, así como el de la cocina tiene su propio lenguaje, por ello debe ser una prioridad crear e incrementar un lenguaje propio en la sala, que siempre marque la relación con el comensal.
4. Como premisa irrenunciable, hay que generar un buen ambiente de trabajo para dar un gran servicio; fomentar que el equipo nunca esté condicionado y tenga en cuenta que nunca se deja de aprender.

[2] Carlos Ruiz González, Sección Negocios, en *El Financiero*, 24 de enero de 2014.

5. En sala, los profesionales no deberían trabajar para sí mismos y para su ego, sino para hacer felices a los comensales, con el objetivo de que vuelvan, quieran repetir la experiencia y, además, se lo cuenten a otros potenciales clientes.

6. La sonrisa es un lenguaje universal. Nunca debe subestimarse el potencial que puede tener una sonrisa en la relación mesero-comensal. El trato debe ser siempre de "tú me importas". El cliente se puede convertir en el mejor comercial de un restaurante. A través del cliente se aprende, con él se comparte y se genera la complicidad.

7. La antropología social puede ayudar al dueño de un negocio restaurantero a conocer mejor al cliente, saber cómo actúa y, además, fomentar el sentido de pertenencia al sector en el que está ubicado. Es decir, la antropología social contribuye a fijarse en lo evidente, para ser consciente de lo que está pasando dentro de un restaurante y así ponerle nombre y apellido.

8. Ante el avance y la consolidación de formatos como cocinas vistas, barras gastronómicas o informales, mesas compartidas, espacios cambiantes y platos interactivos que han cambiado, también está cambiando el servicio de sala, con ideas como que el cocinero salga de la sala, el cliente entre a la barra y el mesero salga detrás de la barra. En todo caso la sala está siempre concebida como una experiencia dinámica.

9. En un restaurante todos somos "reinas y reyes", todos somos VIP.

10. La sala también tiene cierta relevancia desde el punto de vista económico en el negocio restaurantero, ya que tiene la capacidad potencial de formar parte de la decisión del cliente sobre el gasto que va a realizar.[3]

La creación de un restaurante como empresa se basa en el concepto de cadena de valor, que contempla desde la administración de adquisiciones hasta la satisfacción de comensales, inversionistas y empleados, lo que implica estructurarla de acuerdo con dos procesos diferentes:

a) Prefactibilidad: la cual recoge los estudios iniciales de diagnóstico y análisis del mercado restaurantero con el objetivo de localizar y dimensionar de manera puntual el nuevo negocio, a fin de determinar una cuota de mercado hipotética y congruente.

b) Planeación estratégica y factibilidad del nuevo negocio, que aporta la determinación de flujos financieros en virtud de la cuota de mercado resultante en la fase anterior, la rentabilidad del futuro negocio y la valoración del riesgo.

[3] Joxe Mari Aizega, "Basque Culinary Center", en *La Jornada*, 14 de diciembre de 2015.

Por tanto, es el resultado de un proceso de dirección estratégica que tiene por objeto el diseño y la implantación de una estrategia de supervivencia a mediano plazo, con vistas a un desarrollo posterior, todo *con el fin de producir con mayor eficiencia, atraer inversionistas y ganar posiciones en la intensa competencia global*. A través de esa cadena de valor los negocios restauranteros buscan impactar a sus comensales en todo momento a través de:

- Calidad.
- Cantidad.
- Servicio.
- Precios.

A la vez que busca crecer como empresa, aumentando su valor y posición en el mercado. Una de las formas de implantar un esquema de planeación estratégica continua en una organización es emplear la táctica militar de "Aprender y adaptar": regla de oro creada por el coronel estadounidense John Boyd, miembro del Pentágono. Boyd diseñó un ciclo de planeación en situaciones de crisis llamado ODDA (observar, orientar, decidir y actuar), y llegó a la conclusión de que una victoria táctica y estratégica depende, en gran medida, de la rapidez con la que logre repetirse este ciclo.[4]

Mauricio Candiani lo resume de la siguiente manera:

Contrario a lo que pudiera pensarse, pareciera en teoría que hacer negocios es simple. Vendes y cobras un producto o servicio a un determinado precio, entregas ese producto o servicio bien y a tiempo, pagas un costo directo que permita obtener un margen que contribuya al pago confortable de tus costos indirectos, entregas a tiempo los impuestos que se produzcan y te debe quedar una utilidad para retirarla o reinvertirla.

La gestión de una empresa que sí produzca dinero

La ecuación puede ser más complicada, dependiendo de qué tan altas sean las inversiones de capital, cómo finances el negocio y qué tan compleja sea la operación; pero ello no cambia lo principal de los negocios, que es vender y cobrar bien, operar lo más eficiente posible y procurar buenos márgenes para gozar de una sana rentabilidad, todo ello cumpliendo con tus empleados de manera responsable y con tu país a través de los impuestos.

Los negocios son además una carrera contra el tiempo. Cada periodo que no tienes ingresos en la magnitud que tu tamaño empresarial los requie-

---

[4]Héctor Montiel Campos, *De la idea de negocio, a la alerta empresarial,* Grupo Editorial Patria, México, 2009.

re y estás pagando los costos fijos que ese negocio absorbe, está minando la rentabilidad procurada: así de simple.

Por ello, es pertinente ponderar de manera continua en nuestras decisiones de empresa lo siguiente:

1. **¿Mis ventas van a la velocidad que requiero o debo ajustar mis costos fijos a la velocidad que tengo?** Las ventas se visualizan en los pronósticos, se disparan con una gestión proactiva y se deben materializar en un orden de magnitud y temporalidad requeridas. Si no es así, hay que revisar los costos fijos bien y rápido, porque mientras las ventas tienden a ser variables, los costos fijos suelen ser bastante fijos.

2. **¿Mi organización tiene un enfoque comercial en el margen y la contribución o solo nos ocupamos del precio?** Ventas siempre quiere vender al mejor precio posible, y tu competencia también. Con excepción de industrias monopólicas, el mercado presiona a nivel estructural los precios a la baja o los beneficios a la alza; sin embargo, impresiona la facilidad con que las empresas pierden conciencia de sus márgenes reales. Vender sin margen o con márgenes estresados pocas veces se justifica.

3. **¿Identificamos los negocios que no son rentables y sabemos declinarlos?** Nadie gestiona un negocio enfocado si no sabe decir "no" respetuosamente a un cliente cuando el negocio con él no tiene sentido. Las empresas siempre queremos más ventas, pero deben ser ventas rentables con promesas de valor realistas. No hacerlo así destruye valor en la organización, y muchas veces en la cadena integral de valor a la que pertenecemos.

La toma de decisiones atinadas en el negocio es un valor organizacional a tutelar, y la gestión comercial correcta y oportuna es siempre un objetivo a procurar, porque si bien la rentabilidad puede construirse casuísticamente, por lo general es producto de una gestión empresarial cuidada e inteligente.

Hace años pude comprender que una cosa es aprender a trabajar y otra muy distinta aprender a ganar dinero. Hoy me repito con frecuencia, que una cosa es operar un negocio razonablemente bien, y otra muy distinta administrar una empresa que produzca dinero.[5]

Para Schumpeter,[6] en la realidad capitalista no es tanto la competencia lo que cuenta, sino lo que lleva consigo: la aparición de artículos nuevos, una técnica nueva, fuentes de abastecimiento nuevas o un tipo nuevo de organización.

[5] Mauricio Candiani, Gestión de Negocios, en *El Financiero*, 29 de junio de 2015.

[6] Joseph Alois Schumpeter, *Capitalismo, socialismo y democracia*, Biblioteca de Economía, Ediciones Orbis, México, 1983.

Esto es: "la competencia que da lugar a una superioridad decisiva en el costo o en la calidad, y que ataca ya no a los márgenes de los beneficios y de la producción de las empresas existentes, sino a sus cimientos y su misma existencia…". El concepto de **destrucción creativa,** que en lo particular se aplica a la economía, el cual fue ideado por el economista, sociólogo e historiador alemán Werner Sombart, y popularizado después por el economista austriaco Joseph Alois Schumpeter, quien destacó por sus investigaciones sobre el ciclo económico y por sus teorías sobre la importancia vital del empresario, al subrayar en su libro: *Capitalismo, socialismo y democracia,* publicado en 1942, la idea de la "destrucción creativa", concepto que habla del proceso de innovación que tiene lugar en una economía de mercado en la que los nuevos productos destruyen a las viejas empresas y modelos de negocios, y agrega: "las innovaciones de los emprendedores son la fuerza que hay detrás de un crecimiento económico sostenido a largo plazo, pese a que puedan destruir en el camino el valor de compañías bien establecidas", para finalizar diciendo que: "es el hecho esencial del capitalismo, siendo su protagonista el empresario". Para Schumpeter la esencia del capitalismo es el dinamismo, así, un capitalismo estático sería una contradicción. En economía, Schumpeter introdujo este concepto en su "teoría de las innovaciones", en la que lo define como el establecimiento de una nueva función de producción. Afirma que la economía y la sociedad cambian cuando los factores de producción se combinan de una manera novedosa, y sugiere que invenciones e innovaciones son clave del crecimiento económico, y quienes implementan ese cambio de manera práctica son los emprendedores (este término proviene del latín *innovatio,* que significa crear algo nuevo, y el concepto se utiliza de manera específica en el sentido de nuevas propuestas).

Para la empresa restaurantera, la innovación –entendida como el cambio que introduce novedades– se refiere a modificar elementos ya existentes con el fin de modificarlos o renovarlos, y se explica a través de cuatro tipos: productos (platillos y/o bebidas), procesos, cliente (comensales) y negocio:

1. La introducción de un nuevo platillo/bebida o servicio.
2. La introducción de un nuevo método de producción de platillos o la comercialización de los existentes.
3. La apertura de nuevos mercados.
4. La conquista de una nueva fuente de materias primas (insumos).

La industria restaurantera es la piedra angular en la economía de México, y los intereses y curiosidad acerca de nuevas comidas o tendencias van en aumento día con día; los consumidores necesitan de un nuevo mercado en donde puedan disfrutar de estos alimentos y cocinas para poder apreciarlos.

CAPÍTULO 1

LA RESTAURANTERÍA

*Restaurante: "Cadena de valor integrada por actividades
de adquisición de insumos, producción de bienes y servicios,
labores de mercadotecnia y ventas, respaldada en actividades de
apoyo (mantenimiento, seguridad, contabilidad…), para brindar
satisfacción a tres entidades: comensal, inversionista y empleados".*

DIAGNÓSTICO

Antecedentes

Con frecuencia, cuando surge la idea de establecer una empresa restaurantera solo se considera el monto de la inversión, pues se le considera un negocio que no requiere mayores conocimientos; sin embargo, durante las actividades de apertura y, más tarde, en el periodo de operación, se enfrenta la magnitud real de la problemática del restaurante, y lo que en un inicio se creía sencillo, se vuelve complejo. Por desgracia, resulta una experiencia dolorosa cuando la empresa se encuentra en una posición financiera raquítica, derivada del desconocimiento del giro, la actividad comercial o el mercado.

Cualquier persona que cocine bien puede considerar fácil establecer un restaurante, pero así, también, le será fácil cerrar o fracasar; en general se teme instalar una fábrica de calzado o poner en marcha una fundidora y, sin embargo, al establecimiento de un negocio de alimentos le restamos la importancia que en realidad se merece. William B. Correl, de la Universidad de Nueva York, afirma:

En la fundación de una empresa se ponen las esperanzas y las ambiciones de sus organizadores y, en la mayoría de los casos, un capital ganado con mucho trabajo. A pesar de esto, la fundación de nuevas empresas es, muchas veces, un fracaso económico. Unas fracasan por completo y otras producen pérdidas, que aunque grandes, no acaban en quiebra. Gran parte de estas pérdidas podrían evitarse, porque proceden de la falta de conocimiento para organizar y dirigir la empresa.[1]

La industria gastronómica ha experimentado ya en carne propia la sentencia de Correl, pues ha crecido de forma desordenada y arbitraria, y sufrido pérdidas por falta de conocimientos de organización y dirección del negocio; la administración suele ser incipiente y empírica; pocas veces cubren las necesidades de mercadotecnia, producción, recursos humanos y finanzas, y cuando se hace, se aplican métodos y modelos inadecuados.

El ritmo de vida que hoy día llevan los seres humanos, en especial los habitantes de las grandes urbes, ha provocado cambios en la mayoría de las actividades cotidianas que desempeñan. Los avances tecnológicos y las alteraciones en las costumbres contribuyen a que los hábitos de antaño hoy se hayan modificado; el hogar, oficina, fábricas, instituciones educativas e incluso centros sociales han resentido la variación en la conducta del hombre.

Los negocios no escapan al modernismo y la gastronomía, como entidad generadora de recursos, no puede ni debe desligarse del progreso y desarrollo que significa vivir en el siglo XXI, aun cuando la restaurantería constituye el último bastión de empresarios independientes; hoy pocos negocios proporcionan la oportunidad de iniciarse tan fácilmente y con un capital en realidad pequeño, en el que los resultados de éxito o fracaso se vean con tanta rapidez.

El negocio de servicio de alimentos y bebidas ha resentido como nunca antes el impacto del comportamiento del consumidor, lo que ha contribuido al acelerado crecimiento de esta rama con toda la gama de pros y contras (competencia desmedida y alto grado de complejidad en su operación contra una rápida recuperación de la inversión y liquidez inmediata), que hasta hace unos años eran exclusivas de los grandes restaurantes.

Sin embargo, este giro muestra un paulatino avance y proceso de adaptación al cambio y en su medida comprende la importancia del acercamiento a las actividades gerenciales para lograr una sólida estructura financiera mediante ajustes continuos en su operación. Los propietarios de establecimientos de alimentos y bebidas no solo deben conformarse con el mejor equipo de cocina o con tener al mejor chef, sino también adecuarse a los modernos métodos de trabajo examinando con cierta frecuencia el desempeño de la fuerza laboral, evaluando los resultados de acuerdo con los objetivos originalmente planteados, y tener siempre en mente que la industria gastronómica necesita una constante revitalización.

---

[1] William B. Correl, *Biblioteca de negocios modernos*, UTEHA, México, 1948, p. 1.

El concepto de restaurante ha cambiado, ahora es considerado como una verdadera organización profesional, con recursos técnicos, humanos, materiales y financieros que deben administrarse adecuadamente, valorando la importancia de las actividades de finanzas, producción y mercadotecnia. Quienes se han adaptado al cambio entienden el acercamiento al consumidor, saben de sus necesidades y deseos, captan que la gente va a los restaurantes no solo para satisfacer su apetito, sino también su autoestima, autorrespeto, confianza en sí mismo y necesidades de prestigio; conocen la teoría de Abraham Maslow que asegura que el ser humano es un animal de necesidades que requiere siempre cosas nuevas, y una vez que ha satisfecho una necesidad aparece otra en su lugar, yendo desde sus necesidades de estabilidad y seguridad hasta las de satisfacer el ego y realizar sus deseos sociales y personales.

Por tanto, el restaurante se conceptualiza como:

> El proceso de la cadena de valor que desarrolla productos (platillos) y servicios relacionados con los alimentos y bebidas, administra adquisiciones (compras), y produce y realiza labores de mercado y ventas, todo con el apoyo de procesos de apoyo (mantenimiento, contabilidad, seguridad, etc.), para ofrecer satisfacción a sus clientes, accionistas y empleados, con el fin de producir con mayor eficiencia y atraer inversionistas.

Como dice Carlton Varney Jr.: para equilibrar lo "económicamente prudente", lo "funcional" y estético, en la relación del cliente con el restaurante, debe dar el mensaje de "encontrarse en casa" o, por el contrario, "no estar en casa", gozar de un acontecimiento especial. Además, la comida debe satisfacer la vista, olfato, oído y el gusto del comensal para poder disfrutarla; así lo manifiesta Jack Lessman.

Resulta evidente que la mercadotecnia por medio de la investigación de mercados constituye hoy día una ventaja si se utiliza en beneficio de la empresa, así como del aprovechamiento de las finanzas para el manejo adecuado de los recursos económicos. En estos dos últimos aspectos –mercadotecnia y finanzas– existe un rezago que hay que cubrir, sin embargo, el avance, aunque lento, se está produciendo.

Debido a las actuales circunstancias globalizadoras, el negocio restaurantero requiere captar nuevos consumidores a través de la oferta de platillos y servicios con mejores precios y alimentos más saludables, en un menú que satisfaga las enormes expectativas de un comensal más exigente y conocedor. En este contexto, los requerimientos empresariales de los últimos años sugieren la implantación de modelos de gestión empresarial acordes a las necesidades generadas por la apertura comercial en los últimos lustros. Un "modelo de administración estratégica" será de gran ayuda para la gestión exitosa de la entidad gastronómica.

Modelo de administración estratégica

El modelo incluye:

- Propósito general o visión del negocio.
- Filosofía empresarial.
- Misión empresarial.
- Análisis del medio ambiente.
- Análisis de la organización.
- Objetivos empresariales.
- Estrategias que se van a seguir.

Propósito general o visión del negocio. Hoy se viven tiempos de desorden y cambio en las organizaciones. Las compañías cuestionan sus formas de hacer negocios; necesitan renovarse, adaptarse, cambiar y transformarse. Pero con todo este cambio, ¿cuáles son las claves que ayudan a mantener el camino correcto a una organización? La respuesta es: tener visión.

Visión: Fuerza para tener, retener y atraer la atención de la organización que se dirige a la búsqueda de los "cómos" que transformarán la empresa en lo que desea ser.

La visualización es un viaje de lo conocido hacia lo incógnito que ayuda a crear el futuro a partir de un montaje de hechos, esperanzas, sueños, peligros y oportunidades.

Una de las características de las empresas y equipos de alto rendimiento es que tienen una imagen clara de lo que tratan de crear juntos.

La visualización se refiere al proceso de aclarar los valores, centrarse en un credo empresarial y extender el horizonte con una visión.

Filosofía empresarial. Marca la pauta para orientar todas las acciones que se emprenden y desarrollan dentro de la organización.

Los principios filosóficos deben estar por encima de cualquier tipo de objetivo, ya que la empresa debe proponerse su logro como fin último y de permanente realización.

La filosofía empresarial debe inculcarse a fondo en cada colaborador a través de acciones cotidianas para lograr un comportamiento total y una fe inquebrantable, que se traduzca en orgullo de pertenecer a la empresa.

La filosofía de una organización es un compromiso que hace consigo misma para triunfar.

La filosofía de una empresa se resume en tres palabras: misión, visión y valores.

- **Misión.** Razón de ser de la empresa. Encierra la forma en la cual quiere ser identificada y responde a tres preguntas: qué, cómo y para qué (plano motivacional).

- **Visión.** Refleja lo que la empresa desea o quiere ser a futuro (plano aspiracional).
- **Valores.** En la base de la misión y de la visión se encuentran las personas, y estas se mueven de acuerdo con sus valores.

A través de estos conceptos es posible conocer cuál es la posición actual de una empresa y lo que pretende lograr, así como los medios que utilizará.

Misión empresarial. La misión de una empresa debe ser el fundamento de valores y principios para que dicha empresa logre cubrir tanto necesidades como requerimientos y compromisos con quien hace negocio, y pueda diferenciarse con un estilo propio de su competencia.

La misión de la empresa debe expresar la responsabilidad social de esta ante su comunidad, los valores que la van a obligar a brindar productos y servicios de calidad a sus clientes, así como un trato cada vez mejor a sus proveedores.

Debe haber un continuo entre lo que se comunica al exterior de la organización a través de la misión y lo que se trasmite al interior por medio de la filosofía.

La misión empresarial

Para Peter Drucker las empresas mercantiles comienzan su planeación con los resultados financieros, mientras que las organizaciones no lucrativas la inician con el cumplimiento de su misión.

Lo anterior debe llevar a todos los que dirigen una organización, sin importar el ramo al que pertenezcan, a pensar que la formulación de su misión es una tarea sumamente importante, ya que es la razón de ser de la propia organización y será una guía para integrar los esfuerzos de todos los que la forman.

Una formulación de misión clara y significativa describe la filosofía, los valores, las prioridades, y muestra una visión a largo plazo de la organización, en términos de lo que quiere ser y a quién desea servir.

En la misión no se deben indicar fines concretos, sino debe ser lo bastante amplia para servir de inspiración, motivación y guía. La misión debe evitar objetivos claramente definidos para tener una mayor flexibilidad en cuanto a la adaptación al medio cambiante, facilitando la ejecución de las operaciones internas. Se ha mencionado que si las empresas ferrocarrileras de las primeras décadas del siglo XX hubieran formulado una misión empresarial más amplia, como la referente al desarrollo de una firme posición en el negocio de los ferrocarriles, dichas empresas podrían tener hoy la posición económica que tuvieron en años anteriores.

La misión debe incorporar la política social de la empresa, en la que se refleja la responsabilidad social hacia los consumidores, el ambiente, la comunidad y la sociedad en general, y debe revisarse de manera periódica para adaptarla a cambios ambientales importantes, ya que una misión bien formulada puede tener larga vida y resistir el paso del tiempo sin grandes modificaciones.

La importancia de una misión bien formulada refleja la habilidad de la propia organización para definirse en términos de las necesidades de los consumidores, y por tanto de sus posibilidades para la propia supervivencia. Una misión reflejará las necesidades, para suministrarle los productos o servicios que mejor le satisfagan.

Una misión que refleje un propósito duradero debe tener elementos claramente diferenciadores para distinguirse de las demás, y mostrar la filosofía y valores del fundador, el consejo directivo o los dirigentes de la organización. En ocasiones los directivos de la organización no dan la importancia ni el tiempo necesarios para pensar en la misión, ya que sus prioridades se dirigen a resolver problemas operativos y administrativos cotidianos, y al no tener clara una misión, su forma para establecer los objetivos y desarrollar estrategias puede ser totalmente apresurada.

La formulación de la misión debe ser lo bastante amplia para permitir el pensamiento creativo de todos los integrantes de la organización; para ser comprendida por todos, debe redactarse en términos claros y sencillos, y darse por escrito para:

1. Asegurar que los integrantes de la organización la conozcan y se identifiquen con ella, y logren los propósitos de la misma.
2. Proporcionar una base para asignar los recursos de la organización.
3. Servir como punto de atracción para las personas que se puedan identificar con los propósitos de la organización.
4. Indicar los propósitos básicos de la organización y traducirlos en objetivos, de manera que puedan evaluarse y controlarse de forma periódica.

Antes de formular la misión de la empresa, los directivos o las personas encargadas de la planeación se deben hacer las siguientes preguntas: ¿cuál es nuestro negocio? Y, ¿cuál debería ser?, que al ser respondidas conducirán a fijar objetivos, desarrollar estrategias y planes, y a la toma de decisiones para los resultados del mañana.

Se debe poner especial atención en que la misión contenga un objetivo focal, elementos diferenciadores y sea motivadora.

Al momento de tener preparada la misión, esta debe ser conocida por todos; debe enmarcarse y colocarse en lugares visibles, para que todos los relacionados con la organización la tengan presente y se identifiquen con la misma.[2]

Análisis del medio ambiente. Conocer el medio ambiente es identificar qué opciones tiene la administración para lograr sus fines; es la base para

[2] Manuel Serrano Ávila, Columna Enfoques, en *El Financiero,* 19 de febrero de 2003.

saber qué caminos tomar dentro de un escenario conocido; es saber qué tendencias y situaciones futuras pueden afectar las operaciones del negocio.

El éxito de la estrategia estará en función de la adaptación que tenga la organización con su medio ambiente.

Al analizar el medio ambiente, la administración evaluará las oportunidades que puedan explotarse y las amenazas a las que la organización se enfrenta.

Debido a que las instituciones cuentan con diferentes recursos, un mismo medio ambiente puede presentar oportunidades para unas y amenazas para otras del mismo giro.

Análisis de la organización. Todas las organizaciones están limitadas tanto por los recursos como por sus habilidades de que dispone, lo cual debe ser reconocido por la propia organización.

Este análisis responde al estudio de cada uno de los recursos con que cuentan las empresas. Por tanto, debe responder a preguntas tales como:

- ¿Cuáles son las habilidades y capacidades que tienen los empleados?
- ¿Cuál es la posición de efectivo de la organización?
- ¿Qué éxito han tenido los productos o servicios nuevos?
- ¿Cómo percibe el público la imagen de las instituciones y la calidad de los productos o servicios que ofrece?

Conociendo el análisis de los recursos, la administración evaluará las fortalezas y las debilidades que le permitirán una mejor toma de decisiones en la elaboración tanto de los objetivos empresariales como de sus estrategias competitivas.

Objetivos empresariales. Los objetivos representan el nivel para concretar la definición del negocio y son los grandes caminos que permitirán cumplir con las directrices y propósitos de la empresa.

Estrategias. Los griegos fueron los primeros en utilizar el término "estrategia"; llamaban *stratego* al dirigente de guerra, al hombre capaz de conducir un ejército a la victoria. Para ellos, pensar estratégicamente consistía en observar delante de la acción inmediata para diseñar el movimiento del todo y a largo plazo, es decir, traducir los proyectos en logros.

La estrategia constituye el vínculo entre los objetivos y las metas o blancos que desea alcanzar la organización, así como las diversas políticas y planes operativos de que se vale para orientar sus actividades cotidianas.

Las estrategias implican determinar los cursos de acción en función de los recursos de que se dispone o de los que pueden generarse.

Por lo anterior, puede concluirse que la estrategia es el patrón fundamental del despliegue de recursos y las interacciones con su medio ambiente, tanto en el presente como a futuro, para alcanzar los objetivos.

En el diseño de cada estrategia es importante considerar tanto fuerzas y debilidades como peligros y oportunidades fundamentales en la visión del negocio.

En el aspecto operativo se ha manifestado una mayor preocupación, la mayoría de los restaurantes expresan haber tenido problemas en las mismas áreas:

- Compras.
- Recepción de mercancía.
- Almacenaje.
- Elaboración de los alimentos.
- Servicio.

El grado de control que tenga sobre estas áreas será de vital importancia para la empresa, ya que de ello dependerá el éxito o fracaso de la misma. Supervisión constante y a todos los niveles; frecuentes inspecciones y continuas verificaciones sobre cada operación por separado: control de temperaturas, técnicas de almacenaje, trato con proveedores, control de calidad, detectar cuando los renglones de ingresos por venta de alimentos y su costo no cumplan con los porcentajes requeridos; planear el adecuado balance entre el menú y los estándares de compras; supervisar la operación en la cocina y verificar el trabajo en esa área mediante constantes inspecciones; presentarse en cualquier parte donde el trabajo no se coordine con otros departamentos; ser capaz de detectar dinero y tiempo que están desperdiciándose, por desgracia, ejemplos de desperdicio se presentan a diario.

El renglón más importante de toda empresa es sin lugar a dudas el relativo a las ventas, pues constituye el termómetro de cualquier negocio, la información a este respecto debe ser clara, oportuna y veraz. Si el volumen de ventas es insatisfactorio, será necesario un análisis profundo para detectar las causas y realizar cambios a tiempo. Con frecuencia, un bajo volumen de ventas se origina por las siguientes razones:

- Los precios están fuera de la línea de competencia. Descuido en compras, desperdicios, mermas, mala técnica en costeo y fijación de precios.
- Menú monótono, resultado de una pobre planeación o falta de imaginación y desconocimiento de los deseos del consumidor.
- Baja calidad en alimentos. Compradores incompetentes o indiferentes; compras de baja calidad; exceso en tiempo de almacenaje; descontrol en temperaturas.
- Servicio lento. Falta de supervisión y capacitación, equipo inadecuado, problemas entre el personal, grandes distancias entre la cocina y el salón comedor.

- Pésimas condiciones sanitarias, sobre todo en cocina y sanitarios.
- Salón comedor y área de servicio poco atractivos. Colores inadecuados, ambiente poco agradable, muy ruidoso, falta de iluminación o iluminación desagradable.
- Mala ubicación del restaurante. Entrada principal poco atractiva.
- Promoción inadecuada. Publicidad escasa o mal enfocada.

Los empresarios que aciertan en un determinado mercado y reúnen un menú, un funcionamiento adecuado y una administración financiera prudente ganan mucho, los que no, fracasan. Un restaurante que surge en pequeño puede convertirse en cadena o estancarse y ser superado por algo nuevo: un sándwich diferente o un menú que el público acepte mejor. El negocio de los restaurantes es desafiante y cambiante, proporciona a sus profesionales grandes riquezas o grandes desengaños. Los propietarios de un restaurante, pequeños propietarios, tienen la oportunidad de destacar con nuevas recetas, nuevos diseños o cubriendo nuevos mercados y, de hecho, deben hacerlo para poder triunfar.

Sin embargo, y a pesar de todo lo anterior, es una realidad que los propietarios, ejecutivos y gerentes no dedican tiempo ni pensamiento suficiente al futuro, no establecen objetivos generales para el negocio ni objetivos particulares para cada área que lo integra; al respecto, Peter Drucker expresa: "La negligencia del futuro es solo un síntoma; el ejecutivo pasa por alto el futuro porque no puede superar el presente, la verdadera enfermedad es la ausencia de una base de conocimiento y método para encarar el quehacer económico en la empresa".[3]

Al elaborar un diagnóstico de la problemática empresarial, salta a la vista de inmediato la pobre planeación o la carencia de ella, pese a que es el punto más importante del proceso administrativo, pues sobre ella descansa la integración, organización, dirección y control.

Según Mickey Warner,[4] para mejorar este aspecto es necesario recurrir al uso de "las cinco emes".

El uso del plan de "las cinco emes" debe siempre basarse en el objetivo; por tanto, este deberá estar bien definido, pues un objetivo vago llevará a resultados vagos; si hay algo en la planeación que no sirva para el cumplimiento del objetivo, todo será innecesario.

Men (*recursos humanos*). Cubre las horas-hombre disponibles (número de empleados por número de horas que trabajan al día). Las horas-hombre son el recurso más valioso para la producción de platillos, servicio al cliente, limpieza del local o establecimiento, así como el resto del trabajo que el ge-

---

[3] Peter F. Drucker, *La gerencia efectiva*, Hermes, México, 1984, p. 13.

[4] Mickey Warner, *Industrial Foodservice and Cafeteria Management*, Cahners Books, Estados Unidos, 1973, p. 22.

rente debe supervisar y sobre el que será responsable; para tal efecto deberá planear quién hará el trabajo, a qué hora, cómo lo hará y cuándo lo realizará. Esto implica una descripción detallada del trabajo, definiendo obligaciones para cada nivel y empleado.

Money (*dinero*). Representa el capital de trabajo, por tanto, la correcta administración del efectivo requiere especialistas para establecer flujos de caja, origen y aplicación de recursos, información financiera (balances y estado de resultados), presupuestos, costeo de los alimentos y bebidas, y análisis e interpretación de la información financiera generada. El plan financiero debe cubrir todas las áreas que generen ingresos, costos y gastos.

Materials (*materia prima*). En este negocio gastronómico la materia prima es el alimento; por tanto, la planeación al respecto debe asegurar que se ha ordenado su compra, recepción, almacenamiento y producción de manera adecuada. Los alimentos son, en su mayoría, productos perecederos y de difícil manejo, por lo que las técnicas de almacenaje son importantes para el costo y, por tanto, la utilidad. En cuanto a los materiales de lavandería y limpieza, con frecuencia pueden ser utilizados en exceso provocando desperdicio e incrementar el costo, por lo cual deben ser considerados también al planear este renglón.

Methods (*métodos de trabajo*). Es la forma de preparación y elaboración de los platillos listos para su venta, elaboración de menús, valuación de los inventarios, servicio y atención al cliente. Por tanto, deben establecerse métodos estándar de operación. Un estándar es el resultado de un trabajo bien efectuado.

Machines (*equipo de operación*). El mobiliario, equipo de cocina, equipo de servicio, equipo de refrigeración y, en general, el activo fijo del restaurante son herramientas que contribuyen para que el esfuerzo humano sea más productivo. Representan una inversión de capital que debe recuperarse y absorber el efecto de las horas-hombre, por tanto, debe justificar su compra, mantenimiento y operación. El plan de equipo de operación debe incluir el método de depreciación contable que se va a aplicar, sin considerar la depreciación fiscal.

Es evidente que la planeación proporciona, antes de la actividad, la guía y los cursos de acción que requieren los gerentes para alcanzar sus objetivos. Una vez que se cubra el aspecto de planeación, será necesario comenzar la acción; no existe una fórmula mágica para alcanzar el éxito, sin embargo, la experiencia en el giro restaurantero indica que los siguientes pasos garantizan una gestión razonable y lucrativa:

- Identificar un mercado potencial.
- Desarrollar un menú apropiado para dicho mercado.

- Construir un local que se ajuste a las necesidades del menú y que sea apropiado para el mercado elegido.
- Ubicar un local que resulte lo más conveniente posible para el mercado escogido.
- Ajustar el restaurante al mercado que va dirigido.
- Atender el mercado seleccionado.
- Disposición para efectuar los cambios de menú o de concepto del restaurante, de acuerdo con las necesidades del mercado.
- Un diseño con estilo o que se ajuste a la moda para el restaurante.
- Establecer precios moderados para el menú.

En su presentación titulada: "Competitividad y estrategia empresarial. Un enfoque para el desarrollo desde la política pública", Fernando Barraza Dorador deja bien claro que las ventajas competitivas permiten:

- La creación de nuevas actividades (adaptación a la demanda).
- Incremento constante de valor agregado a la producción.
- Apertura de nuevos mercados, que revitaliza el tejido de la red empresarial.

Sobre la actividad gastronómica incide un conjunto de actividades que pueden ser agrupadas como:

- Complementarias.
- Genéricas.
- De movilidad.
- De comercialización.
- De administración.

Cuando se integran todas estas actividades, podemos decir que la gastronomía toma cuerpo, y en ese proceso de integración se generan ventajas competitivas.

Existen diversas formas escritas sobre cómo medir la competitividad a nivel de empresas, y aunque en la literatura económica se usa el concepto de productividad, ella comprende además, entre otros, todo lo relacionado con:

- Costos.
- Valor agregado.
- Participación en el mercado.
- Innovación tecnológica.
- Calidad.

Al separar cada uno de los indicadores anteriores, y para hacerlo más comprensible, podemos decir que los indicadores que permiten medir la productividad son:

Indicadores financieros:

- Valor agregado.
- Rentabilidad.
- ROI.
- EVA (*Economic Value Added*).

Cálculo de los recursos propios. Se define como los costos de recursos propios de la empresa, es el caso del mínimo retorno exigido por los accionistas como retribución por mantener su dinero en esta compañía y no en otra.

EVA y MVA (*Market Value Added*). El valor económico agregado y el valor de mercado agregado son dos indicadores bastante relacionados. Mientras el primero proporciona información muy útil para los *stockholders* o inversionistas de la compañía, el segundo es un criterio muy valioso para conocer la marcha de la empresa desde el exterior, sobre todo para posibles nuevos inversionistas.

El negocio de los restaurantes ha adquirido, con el transcurso del tiempo, la reputación de ser uno de los que posee mayor índice de fracasos. Como afirma Donald E. Lundberg:

> Los *amateurs* la han hecho en grande, pero no con demasiada frecuencia. Hasta los profesionales cometen errores al planificar un tipo de restaurante para un determinado mercado y muchas de las grandes cadenas tienen en su haber algún perdedor. Las cadenas pueden permitirse tener pérdidas en algunos de sus establecimientos, pero los propietarios individuales no.[5]

Son interesantes los comentarios de Lundberg, pues entre otros observa el hecho de que, contrariamente a lo que ocurre en Europa, los que explotan restaurantes han recibido muy poca o ninguna formación acerca de su profesión. Dentro de cada individuo que le gusta cocinar, estar con gente y ganar dinero, hay un futuro operador de restaurante. Las calles están llenas de pequeños restaurantes o lo que queda de ellos, que encierran las esperanzas y aspiraciones y, en algunos casos, la fortuna de estas personas. Muchos, hoy día millonarios, comenzaron desde abajo y tuvieron éxito desde que instalaron su primer establecimiento; otros pasan por un

[5] Donald E. Lundberg, *Manual de organización y administración de hoteles y restaurantes*, vol. 3, Centrum, España, 1986, p. 377.

periodo terrible desde el punto de vista financiero, durante los primeros meses; muchos pierden toda su inversión debido a la falta de liquidez. El periodo necesario para lograr el punto de equilibrio es, en la mayoría de los restaurantes, más prolongado de lo que sus propietarios piensan, por lo que se desesperan y abandonan la empresa (cuadro 1.1). Quienes escuchan y toman como suyas las experiencias ajenas y los consejos de personas experimentadas, sin duda logran el éxito, y los beneficios que obtienen son considerables. Lo que resulta impactante o emocionante cambia con el tiempo, pero en la industria del servicio de alimentos y bebidas, la comida es solo uno de los aspectos de un restaurante.

La cocina mexicana ha basado su éxito parcial en las costumbres y ritos característicos de cada región, en su sabor y variedad de platillos, mas no en la comercialización, ni en el servicio o en la administración de sus recursos. El empresario debe saber que la gente acude a los restaurantes porque tiene dinero para hacerlo, ya sea por placer o por necesidad, y vender alimentos es solo parte del negocio, pero no es todo lo que implica el giro comercial del mismo. De otra forma, no se explica la diferencia entre un establecimiento con elevadas utilidades y uno de igual categoría que no ha sabido aprovechar sus recursos. En el segundo caso se han excluido elementos que forman parte del sistema empresarial, al ignorar los deseos del consumidor, los requerimientos de producción, las necesidades económicas y del trabajador, así como la administración financiera.

Hoy día la prestación de servicios tiende a un mayor crecimiento y esta área, la venta de alimentos, cuenta con mayor proyección: las estimaciones del censo de servicios son elocuentes, los establecimientos dedicados a la preparación de alimentos se clasifican de la siguiente manera:

- Cafés, restaurantes, fondas y cocinas económicas   42.6 %
- Loncherías, taquerías y torterías   25.9 %
- Ostionerías y preparación de mariscos y pescados   5.4 %
- Neverías y refresquerías   14.2 %
- Merenderos, cenadurías, antojitos y platillos regionales   11.9 %

La gama de posibilidades dentro de la industria gastronómica es variada y abarca campos de acción tales como el servicio de alimentos en aeronaves, aeropuertos, cruceros, comedores industriales y escolares, universidades, centros nocturnos, centros de readaptación social, concentraciones deportivas y muchos más. Aunque en algunos casos no representan una actividad lucrativa y, por ello, no son consideradas como labores propias del giro (servicio de alimentos en campos militares o reclusorios), también estos requieren de una adecuada administración de los recursos disponibles.

Cuadro 1.1. Etapas críticas de una organización
en desarrollo.

Etapa de desarrollo	Preocupación crítica	Problema crítico	Consecuencias si no resuelve el problema
Nacimiento	1. Crear una nueva organización	Qué arriesgar	Frustración y estatismo
	2. Sobrevivir como sistema viable	Qué sacrificar	Muerte de la organización. Subsidios adicionales por parte de capital de "fe"
Juventud	3. Ganar estabilidad	Cómo organizarse	Organización reactiva y dominada por las crisis Políticas y actitudes oportunistas, en vez de autodirectoras
	4. Ganar prestigio y desarrollar orgullo de empresa	Cómo revisar y valorar	Dificultad para atraer buen personal y clientes Construcción de imagen inapropiada, demasiado agresiva y distorsionada
Madurez	5. Lograr condición de "única"	Si cambiar o no, y cómo cambiar	Actitudes innecesarias, defensivas o competitivas: difusión de energía. Pérdida de la mayor parte del personal creativo
	6. Contribuir a la sociedad	Si compartir o no, y cómo compartir	Posible pérdida del respeto y aprecio del público Quiebra o pérdida de utilidades

FUENTE: Universidad de Harvard, Escuela de Negocios, *Clásicos Harvard de la administración*, Promociones editoriales, 1986, p. 10.

Antes de analizar el aspecto de la administración financiera es necesario conocer la problemática del país que afecta, directa o indirectamente, la situación financiera del restaurante, ya que el aspecto macroeconómico dicta las pautas del comportamiento económico colectivo, o sea, del entorno empresarial de la industria gastronómica. En un estudio elaborado y publicado por la banca mexicana, Banamex presenta los aspectos principales que actúan como limitantes al crecimiento empresarial:[6]

- Declinación general de las ventas.
- Inflación.
- Carga financiera (intereses).
- Control de precios (especialmente en bienes de consumo final).
- Abastecimiento de materia prima.
- Disponibilidad de divisas.
- Disposición de proveedores extranjeros y nacionales.

Aunado a lo expresado por Banamex, la cúpula empresarial restaurantera afirma que existen desde hace algunos años otros factores que enfatizan la problemática:

- Reducción del poder adquisitivo.
- Inseguridad pública.
- La no restitución de la deducibilidad.
- Incremento de la competencia en un mercado saturado.
- Elevados costos fiscales y de operación.
- Falta de financiamiento a la industria.
- Poco profesionalismo e improvisación.

Estas limitantes están fuera del control empresarial y sus efectos obligan a la pronta adaptación de políticas (de personal, contables, fiscales, etc.), que permitan una actualización de la información financiera. Sin embargo, el restaurantero puede disminuir los efectos y mantenerse en el mercado a pesar de las presiones económicas externas. ¿Sugiere lo anterior que el origen y el fin de la industria gastronómica es financiero? Si bien es cierto que se manejaron los conceptos de calidad, servicio, producto, clientela, distribución, equipo y personal, todo indica que el origen y el fin del negocio de restaurante es, en efecto, en esencia financiero, lo cual no obsta para no destacar la importancia de otras áreas de apoyo: mercadotecnia, producción y recursos humanos, con las que es necesario trabajar en estrecha coordinación, pues un área no podría cumplir sus objetivos sin el concurso de las otras.

---

[6] Banamex, *Examen de la situación económica de México*, vol. IX, núm. 699, México, febrero de 1984.

La restaurantería es un negocio que requiere una inversión inicial, la recuperación de la misma, la generación y control de las utilidades, así como de innumerables operaciones que determinarán si continúa en servicio o se retira del mercado (véase fig. 1.1).

Figura 1.1. Problemática restaurantera.

Una de las consecuencias inmediatas de las limitantes del crecimiento es la disminución de los gastos de operación, en especial el control del renglón relativo a sueldos y salarios. Según un estudio efectuado por la Asociación Mexicana de Restaurantes, A. C.,[7] las razones por las que sus agremiados disminuyeron su planta de personal como resultado de las restricciones económicas fueron las siguientes:

- Un menor flujo de clientes.
- Conflictos laborales.
- Problemas financieros.
- Otras causas.

Del total de los restauranteros, 68 % manifestó que la disminución en la nómina se derivó de un menor flujo de clientes; 23 % de los establecimientos indicaron que el recorte de personal fue por problemas financieros; 4 % de los encuestados respondieron que dicha reducción se debió a conflictos la-

[7] Asociación Mexicana de Restaurantes, A. C., *Estudio anual estadístico*, México, 1984.

borales y el restante 5 % dio diversas razones. A pesar de que estas limitantes no dependen directamente de la voluntad del restaurantero, podrían tener menor repercusión en sus actividades si se cumplieran los requisitos mínimos de administración de los recursos disponibles. Es interesante observar que en las cifras señaladas, 95 % de los establecimientos del giro gastronómico se han visto afectados por tres de las cuatro actividades básicas de la empresa: desconocimiento o mala aplicación del aspecto mercadológico (menor flujo de clientes); administración financiera ineficiente (recorte de personal por falta de recursos económicos); carencia de una adecuada administración de personal (conflictos laborales), el resto de los restauranteros redujo su personal como consecuencia de una desafortunada administración de la producción (cocina, inventarios, compras, etc.), representando este renglón el menor porcentaje de los cuatro, ya que esta función es la que en teoría domina el restaurantero.

Opiniones y comentarios se citan con frecuencia, las autoridades de diversas especialidades tratan de alertar a los negocios, en especial al gremio restaurantero, y evitar que continúe a la zaga de la actividad económica. Alejandro Quiroz, de la Asociación Mexicana de Franquicias, destaca que en el sector de negocios de comida rápida es donde más han crecido las franquicias, y quizá México capta una mayor inversión extranjera a través de este sistema.

Ferenz Feher, vicepresidente de la Asociación Mexicana de Franquicias, señala lo siguiente:

Si bien es cierto que la mayoría de los inversionistas considera los mismos factores para casi cualquier tipo de inversión en una franquicia, también es cierto que el que está en búsqueda de una franquicia de restaurante investigará, además de lo anterior, ciertos elementos que le ayuden en su toma de decisiones.

Si tomamos en cuenta que lo que el inversionista busca es certidumbre en su inversión, medición del riesgo, retorno de su inversión, etc., entenderemos los factores que busca durante su investigación.

Entre las preguntas vitales que se hace están:

- ¿Existe un mercado potencial que consuma los alimentos que produzco o comercializo?
- ¿Quién es mi competencia?
- ¿Puedo superarla?
- ¿Cuál es la experiencia de la empresa franquiciante?
- ¿Cuántas unidades tiene operando?
- ¿Cuántas de esas son propias y cuántas operan bajo el esquema de franquicia?
- ¿Maneja unidades piloto?
- ¿Qué fracasos ha tenido?
- ¿Ha cerrado unidades? ¿Por qué?

- ¿Quiénes son los directivos que están detrás de las operaciones?
- ¿Es un restaurante mexicano?
- ¿Cuánto tiempo lleva operando?
- ¿Si es extranjero, cuál es su país de origen?
- ¿El concepto es original?
- ¿Cómo está su situación financiera?
- ¿Sus marcas están debidamente registradas?
- ¿El retorno de la inversión es adecuado?
- ¿Brindan capacitación?
- ¿Cuentan con manuales de operación?
- Si el negocio no funciona, ¿hay posibilidad de traspasarlo sin castigo?

En fin, se podría continuar con cientos y cientos de preguntas, pero lo interesante de todo el asunto es que si estamos dispuestos a crecer bajo el esquema de franquicias o cualquier otro por medio de inversionistas, será necesario ponernos en sus zapatos para poder visualizar si vamos por el camino correcto.

Dentro del esquema legal de las franquicias existe un documento llamado Circular de Oferta de Franquicia, conocido por sus siglas como COF, que es precisamente una forma de responder a todas estas interrogantes para que los inversionistas estén tranquilos y conozcan toda la información necesaria acerca del negocio en el que piensan invertir.

La COF es fácil de manejar y muy interesante en su contenido, considero que cualquier franquiciante o dueño de negocio que desee expandirse debe tenerla, independientemente de lo que marca la ley.

Por su parte, José Luis Suárez, del Instituto de Estudios Superiores de la Empresa, de Barcelona, España, considera que con la apertura algunas empresas sufrirán, pues es inútil y absurdo compararse con otros países en términos de competitividad.

Para Kirkpatrick, la supervivencia de los restaurantes pequeños es imposible en nuestros días, "pues las cadenas controlarán una porción creciente del mercado, por lo que, para sobrevivir, toda empresa en este campo debe convertirse en una organización que preste su servicio muy completo".[8] La conceptualización de lo que "debe hacer" el restaurantero partirá de un análisis de los principales problemas que han definido a las pequeñas y medianas empresas mexicanas; atendiendo a los hechos, Raúl Mora, de la prestigiada firma Ruiz Urquiza y Compañía, S. C., destaca los siguientes aspectos motivadores de la preocupante y comentada situación actual:

- Estilo de dirección enfocado en el corto plazo, rígido y poco planeado.
- Fijar como metas más importantes las de producir y vender, sin la debida atención a la calidad de los productos y los servicios.

[8] James J. Kirkpatrick, citado por Lundberg, en *op. cit.*, vol. 1, p. 99.

- Insuficiente incorporación de las modernas tecnologías a sus sistemas de producción.
- Información de operación insuficiente, imprecisa y desfasada.
- Hábito de operar en una situación de excesiva estabilidad, dentro de un mercado protegido.
- Baja productividad.
- Inadecuadas estructuras organizacionales.
- Medios de financiamiento inadecuados, escasos y caros.
- Inadecuadas estructuras financieras.
- Recursos humanos poco calificados.
- Escasa atención a los mercados internacionales.

De manera que el diagnóstico de la problemática empresarial ha sido elaborado por expertos y profesionales que se enfrentan a diario con la solución parcial de los mismos; sin embargo, falta mucho por hacer al respecto: lo que requiere ser pragmáticos e iniciar el proceso a una cultura empresarial. ¿Cuándo lo haremos?

- Cuando el empresario y el directivo comprendan que el cambio es necesario.
- Consideramos la idea de que iniciaron los mercados sin fronteras.
- Asimilemos que el recurso humano en la empresa es lo más importante y adquiera un papel protagónico.
- La orientación de la empresa sea hacia el cliente.
- Actuemos con creatividad.
- Ataquemos los mercados por medio de alianzas estratégicas que permitan incrementar ventajas de cada parte.
- Aprovechemos las oportunidades que ofrece la privatización de la economía.
- Exista verdadera preocupación por el medio ambiente.
- Comprendamos la importancia de la especialización como ventaja hacia las grandes empresas.
- Aprovechemos la fuerza, libertad y flexibilidad de la empresa familiar.

La importancia e influencia de la economía nacional en el negocio y la aportación de un individuo, ente u organismo a nuestra economía, hacen necesario compenetrarse de la problemática individual que da origen al comportamiento de cada unidad. Como un ente económico, la restaurantería requiere de una adecuada organización para coordinar los recursos disponibles que el dueño, socios o accionistas han aportado en beneficio de la empresa; esto implica recordar el concepto que, en su sentido mercantil, se le da a la palabra empresa: "Unidad económico-social con recursos materiales, humanos, técnicos y financieros, que pretende fundamentalmente incrementar su capital mediante el logro de utilidades, de acuerdo con objetivos preestablecidos".

La coordinación de los recursos tiene como meta obtener utilidades razonables. Generar excedentes sobre el capital invertido constituye un reto y una obligación para el comerciante de la actividad gastronómica, sin olvidar otros objetivos propios del giro: atención esmerada a la clientela, imagen, calidad del producto y objetivos de carácter social (creación de fuentes de empleo, pago de impuestos, etc.). El inversionista tiene ante sí una serie de opciones para establecer un restaurante; estas son:

- Construir el inmueble, equiparlo y operarlo de acuerdo con los requerimientos derivados de los objetivos.
- Adquirir un restaurante ya en función.
- Adquirir una franquicia de alguna cadena restaurantera y operarla.
- Administrar un establecimiento restaurantero ajeno.
- Operar en concesión la venta de alimentos y bebidas.

Además del conocimiento técnico, cualquiera de las opciones señaladas requiere de habilidad administrativa, sea o no un ente de carácter lucrativo. Jorge Villanueva Rodríguez, en su obra *Administración simplificada*, manifiesta esta necesidad:

> Actualmente, una gran mayoría de empresarios o ejecutivos no tienen los conocimientos adecuados de la administración, por lo que sus técnicas para guiar sus negocios son empíricas; es decir, basadas exclusivamente en la experiencia y en la intuición, lo cual desde luego no siempre da resultados positivos.[9]

Por desgracia, se ha generalizado la idea de que basta con manejar el aspecto operativo y puramente técnico para llevar por buen camino al negocio; sin embargo, cuando se efectúa un análisis de los errores, no solo administrativos sino de mercadotecnia, producción o recursos humanos, las conclusiones son en realidad sorprendentes, tanto por la magnitud de los errores como por la apatía para superarlos.

Errores más frecuentes en el negocio restaurantero

La experiencia ha demostrado que los errores más frecuentes que se cometen en la operación de un restaurante son los siguientes:

[9] Jorge Villanueva Rodríguez, *Administración simplificada*, Compañía General de Ediciones, México, 1979.

- Personal mal preparado.
- Abuso del cliente.
- Falta de limpieza e higiene en el establecimiento.
- Ignorancia o descuido al costear el menú.
- Errónea fijación de precios de venta.
- Falta de cortesía.
- Inestabilidad financiera.
- Carencia de una técnica presupuestal o mala presupuestación.
- Errores aritméticos al calcular la cuenta de consumo.
- Falta de estacionamiento.
- Inconformidad del mesero por el importe de la propina.
- Espera prolongada al asignar mesa.
- Alimentos mal preparados (fríos, crudos, etc.).
- Utilización de desperdicios en guarniciones.
- Mesa sucia al ser asignada.
- Artículos del menú agotados.
- Precios distintos en la cuenta final (de los que figuran en el menú).
- Tardanza en tomar la orden, así como en la entrega y el cobro de la cuenta de consumo.
- Cobrar por el servicio (pan, mantequilla, etc.).
- Servir lo que no se ordenó.
- Demasiada insistencia de parte del mesero al hacer sugerencias.
- Trato impersonal al cliente.
- Mala selección de proveedores.
- Falta de control de calidad.

El problema se agrava cuando este tipo de errores se van enquistando en la operación diaria del establecimiento y constituyen vicios no solo de forma, sino también de fondo; en suma, los más frecuentes en la restaurantería podrían englobarse en dos rubros: empirismo y falta de profesionalismo. De cualquier modo, el comensal, por necesidad o por gusto, acude a estos establecimientos, y en la mayoría de las ocasiones pasa por alto muchos de ellos, el más grave y que no puede soslayarse es la falta de higiene en las instalaciones.

En un estudio preparado por el Departamento de Salud y Seguridad Pública de la National Restaurant Association, destaca la preocupación de la clientela por la limpieza en la industria gastronómica, ya que este aspecto obtuvo mayor número de votos en ocasión de elegir un restaurante. Los clientes antepusieron la limpieza al precio, cantidad de comida, lugar, rapidez del servicio, tamaño de los platillos, cortesía y variedad del menú (véase cuadro 1.2).

Al respecto, Thomas J. Peters y Robert H. Watermann[10] expresan lo siguiente:

---

[10] Thomas J. Peters y Robert H. Watermann, *En busca de la excelencia*, Lasser Press, México, 1982, p. 19.

Cuadro 1.2. Guía de evaluación sanitaria.

	CC	CP	NC	NA
1. Recepción				
Área limpia				
Mesas limpias				
Báscula limpia y en buen estado				
Recepción de alimentos				
Alimentos congelados a –18 °C o menos				
Alimentos potencialmente peligrosos a 4 °C o menos				
Total				
2. Almacenamiento				
Verificación de empaque				
Empaque íntegro				
Empaque limpio				
Ausencia de insectos y roedores				
Verificación de la calidad sensorial				
Productos frescos de origen animal				
Sin coloración verduzca, amoratada o café oscuro				
Textura firme y no viscosa				
Sin mal olor				
Ausencia de hongos				
Sin ojos sumidos (pescado)				
Cascarón completo sin manchas de excremento (huevo)				
Productos frescos de origen vegetal				
Ausencia de hongos				
Coloración normal del producto				
Sin golpes ni magulladuras				
Sin mal olor				
Cámara de refrigeración				
Pisos, techos y paredes limpios y en buen estado				
Tarimas y anaqueles a 15 cm sobre el nivel del piso				
Tarimas y anaqueles limpios y en buen estado				
Temperatura a 4 °C o menos				

Termómetro visible y funcionando				
Cuenta con iluminación				
Uso de recipientes y cajas de madera o cartón				
Alimentos almacenados en recipientes cerrados de acuerdo con los materiales recomendados				
Colocación de los alimentos lejos del piso				
Alimentos crudos colocados en la parte inferior				
Sistemas establecidos de PEPS				
Refrigerador				
Limpio y en buen estado				
Charolas y rejillas limpias y en buen estado				
Temperaturas a 4 °C o menos				
Termómetro visible y funcionando				
Alimentos almacenados en recipientes cerrados de acuerdo con los materiales recomendados				
Alimentos crudos colocados en la parte inferior				
Sistemas establecidos de PEPS				
Cámara de congelación				
Pisos, techos y paredes limpios y en buen estado				
Tarimas y anaqueles a 15 cm sobre el nivel del piso				
Tarimas y anaqueles limpios y en buen estado				
Temperatura a 18 °C o menos				
Termómetro visible y funcionando				
Cuenta con iluminación				
Uso de recipientes y cajas de madera o cartón				
Alimentos almacenados en recipientes cerrados de acuerdo con los materiales recomendados				
Colocación de los alimentos lejos del piso				
Alimentos crudos colocados en la parte inferior				
Sistemas establecidos de PEPS				
Congeladores o neveras				
Termómetro visible y funcionando				
Temperatura a 18 °C o menos				
Alimentos almacenados en recipientes cerrados de acuerdo con los materiales recomendados				

Cuadro 1.2. (*Continuación.*)

	CC	CP	NC	NA
Sistemas establecidos de PEPS				
Almacén de secos				
Área seca y ventilada				
Anaqueles y tarimas limpias y en buen estado				
Anaqueles y tarimas a 15 cm sobre el nivel del piso				
Colocación de alimentos lejos del piso				
Alimentos almacenados en recipientes cerrados de acuerdo con los materiales recomendados				
Sistema establecido de PEPS				
Abarrotes				
Latas sin abombamiento, abolladuras o corrosión				
Granos y productos secos sin presencia de hongos y rastros de plagas o insectos				
Galletas, panes y tortillas sin hongos				
Almacenamiento de detergentes e insecticidas				
Recipientes para sustancias químicas o detergentes etiquetados y cerrados				
Detergentes y productos químicos almacenados en lugar independiente				
Control estricto de insecticidas				
Total				

3. Producción-Área de cocina

	CC	CP	NC	NA
Instalaciones físicas				
Pisos limpios y secos de loseta antiderrapante sin roturas o grietas				
Existencia de coladeras con declive, limpias y cubiertas con rejillas, sin basura ni estancamientos				
Paredes limpias y lisas, íntegras y de fácil lavado				
Existencia de botes de basura con bolsa de plástico y tapa				
Mesas de trabajo, entrepaños, gavetas y repisas con superficies limpias				
Estaciones de lavado de manos equipadas				

Ventilación				
Cocina libre de vapores y humo				
Campana o extractores limpios y funcionando				
Equipo y utensilios				
Equipo para cocción				
Estufas limpias en todas sus partes				
Horno limpio y en buen estado				
Salamandra limpia y en buen estado				
Freidora limpia				
Marmitas limpias y en buen estado				
Vaporeras limpias en todas sus partes				
Mesas térmicas de trabajo y barras de servicio limpias y desincrustadas				
Equipo eléctrico				
Licuadoras, rebanadoras, mezcladoras y molinos lavados y desinfectados después de cada uso				
Lavado y desincrustación de máquina pelapapas después de utilizarse				
Las superficies que están en contacto con los alimentos del equipo para cocción y eléctrico se lavan y desinfectan al final de cada jornada				
Utensilios				
Lavado y desinfección de cuchillos, palas, pinzas y coladores				
Lavado y desinfección de tablas y cuchillos para diferentes alimentos crudos o antes de usarlos en alimentos cocidos				
Uso y desinfección de trapos y jergas exclusivos para mesas y superficies de trabajo				
Carros de servicio limpios				
Almacenamiento de utensilios en un área específica y limpia				
Lavado de loza				
Área y equipo de lavado limpio y funcionando				
La escamocha se elimina previamente al lavado de loza				
Uso de detergentes y desinfectantes				
Lavado y enjuagado pieza por pieza				

Cuadro 1.2. (*Continuación.*)

	CC	CP	NC	NA
Temperatura de desinfección de 75 a 82 °C				
Secado de loza a temperatura ambiente				
Almacenamiento de loza y cubiertos en un área específica y limpia				
Manipulación de alimentos				
Descongelación en refrigeración como parte del proceso de cocción al chorro de agua fría				
Lavado de alimentos de origen vegetal con agua, jabón y estropajo, y posterior desinfección con un agente adecuado (cloro, yodo o plata coloidal)				
Uso de utensilios que minimicen el contacto directo de las manos con el alimento				
Los alimentos preparados están cubiertos				
Temperatura interna de la carne de cerdo cocinada a 66 °C como mínimo				
Temperatura interna de carnes y aves rellenas cocinadas a 74 °C				
Platillos recalentados a 74 °C como mínimo de temperatura interna				
Los alimentos fríos se mantienen a menos de 4 °C de temperatura interna				
Los alimentos calientes se mantienen a menos de 60 °C de temperatura interna				
Se sirven platillos a base de pescado, mariscos o carnes crudas				
Los utensilios y recipientes empleados para servir salsas y similares se lavan después de cada servicio				
El personal evita comer, beber, mascar, escupir, toser o estornudar en el área				
Personal sin infecciones respiratorias, gastrointestinales o cutáneas				
Total				
4. Servicio-Área de salón comedor				
Instalaciones				
Mesas y sillas en buen estado				
Estaciones de servicio				
Equipo y utensilios limpios, ordenados y protegidos				

Los alimentos preparados listos para servir se mantienen cubiertos y a las temperaturas especificadas por la norma			
Área de desperdicio separada			
Manejo de alimentos			
Área de servicio limpia y en buen estado			
Mesas de servicio con superficies limpias			
Uso de utensilios para el servicio de alimentos			
Alimentos calientes conservados a más de 60 °C			
Alimentos fríos conservados a 4 °C o menos			
Hielo			
Hielo para consumo humano preparado con agua potable			
Se almacena en recipientes limpios			
Colocación de alimentos o botellas dentro del recipiente o máquina para hielo			
Total			

5. Instalaciones sanitarias

Agua potable			
Filtrada o purificada por ozono, luz ultravioleta, plata coloidal o clorada			
Plomería			
Tarjas y llaves en funcionamiento y en buen estado, con agua fría y caliente			
Desagües con buen funcionamiento y libres de basura			
Tuberías sin fugas			
Se reparan oportunamente las fugas en las tuberías			
Instalaciones sin reflujos			
Servicios sanitarios *Clientes*			
Instalación de baños en número adecuado al local			
Sanitarios limpios y en buen estado			
WC funcionando			
Basureros con tapa y bolsa de plástico			

52

Cuadro 1.2. (*Continuación.*)

	CC	CP	NC	NA
Existencia de jabón, papel sanitario y toallas desechables o secador de paro automático para las manos				
Puerta sin picaporte y cierre automático				
Empleados				
Instalación de baños en número adecuado al local				
Sanitarios limpios y en buen estado				
WC funcionando				
Basureros con tapa y bolsa de plástico				
Existencia de jabón, papel sanitario y toallas desechables o secador de paro automático para las manos				
Puerta sin picaporte y cierre automático				
Manejo de basura				
Área general de basura, limpia y lejos de la zona de alimentos				
Botes en buen estado, limpios y de tamaño adecuado, con bolsas de plástico y tapas				
Áreas cercanas a los botes, limpias, exentas de malos olores y libres de fauna nociva				
Control de plagas				
Ausencia de plagas				
Puertas y ventanas de todas las áreas con protecciones o dispositivos para insectos y roedores				
Comprobación documental del control de plagas expedida por alguna empresa de fumigación reconocida				
Total				

6. Personal

	CC	CP	NC	NA
Apariencia pulcra				
Sin joyería y ornamentos				
Cabello cubierto por completo				
Manos limpias				
Uñas cortas sin esmalte				
Lavado de manos				

Contar con agua, jabón y cepillo			
Lavarse las manos antes de iniciar labores			
Después de manipular alimentos crudos			
Después de cualquier interrupción de labores			
Total			

7. Transporte

Los alimentos preparados se distribuyen en recipientes o envases cerrados			
Vehículo exclusivo para el transporte de alimentos			
Vehículo limpio, libre de fauna nociva			
Total			

Resultados:

_____

_____

_____

Observaciones:

_____

_____

_____

Recomendaciones:

_____

_____

_____

CC = Cumple completamente   CP = Cumple parcialmente   NC = No cumple   NA = No aplica

FUENTE: *Revista de la Canirac.*

En todas las partes del mundo que hemos visitado, desde Australia hasta Europa, pasando por el Japón, nos ha impresionado el alto nivel de limpieza y regularidad en el servicio que hemos encontrado en cada uno de los puntos de venta de hamburguesas McDonald's. No a todo el mundo le gusta el producto, ni la idea de que McDonald's sea una expresión universal de la cultura estadounidense; pero realmente es extraordinario encontrar el nivel de garantía de calidad que ha conseguido en todo el mundo una empresa de servicio como McDonald's.

Es evidente que esta empresa ha logrado sus objetivos no solo financieros, sino de mercadotecnia, pues ha llegado al "ego" de su clientela, a pesar de que en el aspecto de producción maneja recetas estandarizadas. ¿Cuál es entonces el secreto de este emporio restaurantero? Tal vez radique en la filosofía de su director y accionista, Ray Kroc, quien sostenía que el negocio restaurantero significa competencia, dedicación y dirección. Hasta poco antes de su muerte, Kroc dirigía y supervisaba personalmente sus unidades; la limpieza y regularidad en el servicio eran, como hasta la fecha, sorprendentes, al igual que la simplicidad en sus operaciones, a pesar de ser una de las principales industrias de Estados Unidos.

La idea de simplificar las cosas, aunque parezcan tantas, ha sido su pauta de acción y esto, junto con la fórmula capital-servicio-limpieza-valor, ha ubicado a su empresa en la cumbre. Podría entonces afirmarse que si esta filosofía ha sido el motor de McDonald's, ¿por qué no tomar los principios básicos de su gestión si funcionan y son totalmente razonables? ¿Por qué trabajar con errores manifiestos en la restaurantería? ¿Es en realidad el cliente lo primero? Por desgracia, Francis G. Rodgers, subdirector de mercadotecnia de la IMB, tiene razón al expresar: "el buen servicio es la excepción".

La revista *Restaurante*[11] señala 10 errores que deben evitarse en un restaurante; estos son más de tipo directivo que de atención al cliente, pero también perjudiciales:

1. *Falta de experiencia administrativa.* La razón más frecuente para las fallas en los negocios pequeños es una administración inadecuada. Aprenda a seleccionar a la gente que intervendrá en su operación y compense sus habilidades.
2. *Descapitalización de su negocio.* Este es un problema crónico en los pequeños negocios. ¿Sabe en dónde podría conseguir dinero en caso de necesitarlo?
3. *Dejar que la calidad de su producto baje.* No puede mantener un negocio utilizando el éxito anterior; asegúrese de mantener siempre la buena calidad y servicio de su negocio.

[11] Órgano oficial de comunicación de la Asociación Mexicana de Restaurantes, correspondiente a abril de 1984.

4. *Investigación de mercados poco frecuente.* Si hace un año hizo la investigación del mercado, ahora ya no es válido. Lo más seguro es que su mercado haya cambiado o su menú no coincida con su plan de mercadotecnia. Asegúrese de conocer sus clientes: edad, ingresos, lo que les gusta o disgusta. Si no conoce alguno de estos aspectos, es el momento de hacer otra investigación.

5. *Perder la cuenta de sus clientes.* En el momento que la cantidad de clientes empiece a bajar, averigüe por qué: si es el menú, el servicio, la decoración, la competencia, el control, la ubicación.

6. *Perder la cuenta del promedio de cheques.* Si la cantidad promedio de los cheques comienza a disminuir, investigue por qué. ¿La época es muy cara para sus clientes? ¿Su selección ya no es popular o la causante es la economía, cuestiones de salud, competencia, etc.?

7. *Olvidar recompensar a sus empleados.* Utilice salarios, incentivos y mejores condiciones de trabajo para hacer más satisfactorias las labores a sus empleados.

8. *Temor al cambio.* No sea el último en probar nuevas ideas. Demuestre a sus clientes habilidad para el cambio agregando nuevas opciones al menú, así como innovaciones en el servicio y decoración.

9. *No reinvertir.* Mantenga el lugar al día. Una remodelación completa puede ser necesaria cada seis años.

10. *No definir y seguir el objetivo, la misión y el tema.* No tome decisiones operativas sin tener en cuenta su meta.

Observe que el listado de errores se va incrementando junto con la problemática financiera, mercadológica y de recursos humanos, lo cual también implica un desafío para el empresario. La industria alimentaria, como muchas otras, padece por la incapacidad del personal; no obstante, comparada con otros negocios requiere de mucho personal. Esta situación provoca numerosos problemas, ya que precisamente el personal de niveles básicos es el que tiene contacto con la clientela, y sin importar los conocimientos elementales de servicio que posee, también tiene que caracterizarse por cuidar sus relaciones públicas, en especial su paciencia y don de gente, aspectos que deben tenerse en cuenta en la selección del personal. Está comprobado que este tipo de empleados ingresa a dichas fuentes de trabajo mientras encuentran algo mejor, pues un restaurante ofrece condiciones laborales más atractivas que una fábrica.

La capacitación del recurso humano en gastronomía se encuentra en marcha: la Escuela Mexicana de Turismo, la Escuela Superior de Turismo del Instituto Politécnico Nacional, la Escuela Panamericana de Hotelería, el Colegio Superior de Gastronomía y algunos otros centros de capacitación restaurantera elaboran y ofrecen programas permanentes para los niveles básicos e intermedios; en dichos programas se emplean técnicas audiovisuales, teoría de casos y prácticas, utilizan modelos y simulaciones relacionados con la problemática cotidiana.

Cabe mencionar que una de las barreras existentes consiste en la falta de coordinación entre los centros de enseñanza y los centros de trabajo; estos últimos poco a poco han ido reconociendo la valía de aquellos para la capacitación del personal de la industria.

Lo más importante para comenzar un negocio restaurantero es tener conocimiento de él, si no es así, se está destinado al fracaso, por eso es importante que se investigue, conocer las características de los negocios y de los clientes, para tener un éxito total.

Entre las múltiples recomendaciones al personal de servicio de mesas, la revista *Restaurante*, propone las siguientes:

- Sirva a cada cliente con rapidez.
- Procure lo necesario para que las órdenes lleguen completas.
- Trate de recordar los gustos de sus clientes habituales.
- Si comete algún error, pida excusas, pero no "extienda" el asunto.
- No discuta con los clientes; guarde silencio si ellos tienen ganas de argumentar.
- Devuelva los instrumentos de trabajo a su respectivo lugar.
- No lleve servilletas ni paños al hombro y no deje ninguna abandonada, ni se limpie la cara con ellas.
- No trate asuntos personales con los clientes.
- Piense en los clientes y el público más que en usted mismo.
- No dé la sensación de que trabaja más de lo debido.
- Antes de empezar a trabajar, debe enterarse del menú del día, los platos especiales, así como preguntar la composición de los que no conozca.
- No lleve nunca en las manos alimentos o bebidas; utilice siempre una charola.
- Conserve los ceniceros limpios todo el tiempo.
- Antes de los postres debe retirarse el servicio, vasos vacíos, etc., y limpiar la mesa.
- No deben formarse grupos, ni sostener conversaciones inútiles en el salón comedor durante el trabajo.
- Procure vender bebidas extra y recomendar vinos, usando para ello la cortesía.
- Cuando un capitán traiga un cliente a su mesa o alguna cercana, debe prestársele ayuda.

- Si el compañero más inmediato a su estación está ocupado, debe ayudársele.
- Los servicios "secundarios" deben ejecutarse con prontitud y esmero; cada empleado es responsable de su estación y ocupación.
- Al retirarse el cliente deben sacudirse asientos y montar de nuevo las mesas con la mayor discreción y procurando que las mesas o los gabinetes queden bien limpios.

En general, la industria trabaja con la guía de manuales de organización y procedimientos; sin embargo, es necesario recordar que estos deben ser breves, accesibles y de fácil comprensión, ya que los muy complejos y voluminosos se prestan a confusión y, por tanto, al olvido. Para terminar, debe recordar la importancia de la higiene y limpieza en el establecimiento, no solo para los clientes, sino también para el trabajador. La experiencia de Elton Mayo logró que una mayor higiene en el lugar de trabajo tuviera un efecto directo y positivo en la productividad del trabajador.

OBJETIVOS EMPRESARIALES

Planeación

En estos tiempos, donde las grandes corporaciones restauranteras arriban con una inusitada fuerza y con nuevos métodos de gestión, se requiere redefinir la taxonomía de los objetivos empresariales, ubicando al objetivo de supervivencia como prioritario, seguido por el objetivo de crecimiento y el objetivo de rentabilidad.

En este sentido y en una fase tan importante como esta, deben desarrollarse a la par objetivos particulares sobre las áreas más sensibles de la empresa, como son:[12]

- Mercados.
- Productividad.
- Factor humano.
- Tecnología.
- Producto/servicio.
- Rentabilidad.
- Calidad.
- Administración.

[12] Estos objetivos deben estar definidos y coincidir con los objetivos gerenciales de la entidad, y de acuerdo con los objetivos secundarios de cada subsistema que componen al sistema empresarial.

La empresa debe hacerse la pregunta: ¿cómo puede llevarse a cabo la misión empresarial? La respuesta es: a través de los objetivos.

Quien planea la organización, comienza por saber adónde quiere ir su compañía, por tanto, los objetivos determinan la estructura necesaria de la empresa.

Si el empresario no posee un conocimiento razonable de lo que espera de su negocio, será imposible desarrollar la actividad mercantil, objeto de la existencia del restaurante, y es probable que al tomar decisiones opte por la menos idónea, afectando así la marcha de la empresa, pues una visión equivocada de los objetivos puede causar problemas y quizá encaminarla hacia una futura quiebra. Tanto las personas como las empresas se plantean varios objetivos en lugar de uno solo, con lo que pierden el fundamental y otorgan mayor importancia a los secundarios. Desde luego, fijar objetivos empresariales implica dificultades, sobre todo porque al tratar de plasmarlos en el papel se pierden de vista y se desvía la atención hacia otros puntos. Por otra parte, los objetivos a corto, mediano y largo plazos llegan a contraponerse, ya que los primeros con frecuencia difieren de los fijados a largo plazo.

Los objetivos empresariales permiten identificar y separar los instrumentales de los finales, esto es, la perfecta definición de lo que constituye un medio para lograr un fin (objetivos instrumentales) y la consecución del fin mismo (objetivos finales).

Dentro de los objetivos de carácter general, se encuentran:

- Recuperar la inversión en el tiempo deseado.
- Obtener utilidades.
- Reinvertir de manera adecuada.
- Alcanzar y sostener una posición en el mercado.
- Lograr y mantener una solidez financiera.
- Cubrir la finalidad social de toda organización en favor de la comunidad.

Estos objetivos, aunque en principio parezcan complejos son aplicables a la pequeña, mediana y gran industria gastronómica; el negociante en pequeño que establece una fonda o taquería los busca, al igual que las grandes cadenas restauranteras. La diferencia estriba en el volumen de operaciones, pero todos necesitan cubrir ciertos requisitos para lograr el éxito financiero basado en sus objetivos empresariales.

Los particulares se fijan de acuerdo con las áreas que componen o constituyen la organización; esos objetivos se plantearán desde la concepción de la idea y se tendrán presentes a lo largo de la vida del negocio, aplicándolos con cierta flexibilidad y de manera razonable (es decir, deben ser adaptables a las circunstancias y ser factibles de alcanzar).

Oxenfeldt[13] presenta un listado de los objetivos particulares que algunos negocios señalan como índice de éxito financiero, estos son:

- Estados financieros favorables.
- Rendimiento elevado de los activos.
- Capacidad para obtener préstamos.
- Liquidez.
- Evitar riesgos financieros.
- Solvencia.
- Incremento neto en venta.

El mismo William B. Correl, complementa el listado anterior:

- Producto o servicio en demanda.
- Capital suficiente.
- Organización adecuada.
- Ejecutivos competentes.
- Normas eficientes y bien definidas.
- Lugar de negocios estratégicamente situados.
- Instalaciones adecuadas.
- Producción sobre una base eficiente y económica.
- Personal hábil y leal.
- Distribución eficaz y económica del producto.
- Sistema de contabilidad adecuado.

El problema de la administración: alineación de objetivos

El empresario administrador de su negocio con frecuencia está buscando cómo mejorar la operación del mismo. Cuando las cosas no funcionan, busca qué problemas pueden haber en las diferentes áreas operativas del negocio, como: Ventas, Compras, Tesorería, Contabilidad, Recursos Humanos (Personal) y Producción. En este proceso puede encontrarse con que cada cabeza de área informa todo los que los demás departamentos hacen mal, y que en realidad el suyo tiene un pobre desempeño porque las otras áreas no la proveen a tiempo de los insumos necesarios para operar.

Se va a encontrar con que Compras no cumple porque no le informan a tiempo de los requerimientos de Producción; esta a su vez, no cumple porque Compras no entrega a tiempo y porque Ventas le informa a última hora de sus requerimientos; Ventas, a su vez, no cumple porque Producción no entrega a tiempo y no puede cumplir con la calidad. Todas las áreas se que-

---

[13] Oxenfeldt Miller y Dickenson, *Un enfoque básico para la toma de decisiones por los objetivos*, Diana, México, 1981.

jan porque Recursos Humanos no cumple, al no proporcionarles personal con capacidad y entrenamiento, y de Contabilidad porque reporta cifras que están mal, pues ellos tienen la información, y así eternamente.

El empresario puede concluir entonces que debe cambiar a uno o dos ejecutivos para poder corregir el problema; pero este no se corrige, y dos años después está en las mismas circunstancias. Asesores van y asesores vienen, gasta mucho dinero sin llegar a nada y al final se da por vencido y se enfrenta a un estatus de baja productividad, convencido de que su negocio llegó a su nivel de máxima eficiencia.

Pero, en realidad, ¿cuál es el problema? Existen muchas razones por las cuales las cosas pueden no estar funcionando, pero la principal de ellas es una: el cuerpo de ejecutivos no está alineado hacia un objetivo común. En este momento en la sala de conferencias se hace un silencio sepulcral, y viendo al expositor todos a la vez le expresan: ¡Estás totalmente equivocado, todos queremos que la empresa venda mejor y sea más productiva!

Y entonces tengo que explicarme mejor: todos querrán lo mismo, pero todos están apuntando a un objetivo diferente. Esto quiere decir que mientras todos pueden querer vender más, unos están pensando en que el objetivo es el volumen, cuando otros están pensando en que el objetivo es la calidad, y otros en que el objetivo es la productividad, etc. Y no es que dichos objetivos estén mal, sino que cada quien está pensando en diferentes prioridades.

Del mismo modo, los objetivos personales también varían: uno quiere una vida tranquila, llegando temprano a su casa y dedicándole a su familia mucho tiempo, mientras que otro quiere alcanzar sus objetivos profesionales de manera inmediata y estar trabajando diario hasta tarde, aprovechando tiempo personal para acudir a citas de negocio o de oportunidades de negocio. Es decir, mientras uno está pensando en que al día siguiente quiere entregar un nuevo cliente, el otro está pensando en que tiene que atender a su familia. Habrá también que ver lo que está pensando el empresario-administrador de la empresa y cuáles considera que son los objetivos y prioridades con los cuales trabaja su negocio.

El inicio de la solución de los problemas en una empresa es trabajar con los ejecutivos, para que entre todos busquen los objetivos y las metas de la empresa, así como las personas que también tienen que ver con esta.[14]

Algunos estudiosos de la administración, como George Terry,[15] identifican la planeación con cuatro áreas principales: usuario, crecimiento, utilidades y recursos humanos ejecutivos. La primera clasificación incluye el producto y el mercado, o ambos. El énfasis recae en la mejor forma de servir un producto seleccionado por segmentos del mercado. La segunda área:

[14] Luis Alberto Cámara Puerto, Columna Invitada, en *El Economista,* 23 de septiembre de 2015.
[15] George Terry, *Principios de administración*, CECSA, México, 1986, p. 284.

crecimiento, relaciona en primer término la orientación de la empresa, el índice de expansión (o de contracción) esperado y en qué tiempo específico se alcanzarán los objetivos. La tercera: utilidades, se refiere a la economía de las utilidades de la empresa. ¿Cuál es el equilibrio entre la combinación de productos? ¿Cuáles son los elementos del costo y los elementos del ingreso y qué combinación de ventas es la más lucrativa? Por último, los recursos humanos ejecutivos se refieren a los esfuerzos de planeación para atraer y retener los miembros administrativos necesarios. Está, pues, en manos del restaurantero hacer que el negocio crezca gracias a una adecuada planeación o dejar que, como dice Terry, solo suceda, aunque esto último no es compatible con la administración efectiva (fig. 1.2).

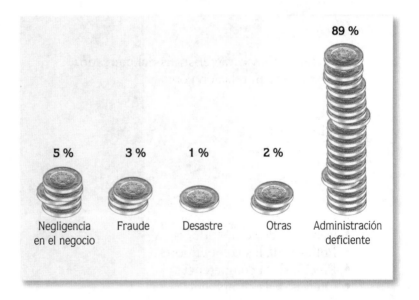

Figura 1.2. Causas del fracaso en el negocio.

Una vez definidos los objetivos empresariales de carácter general, se procede a elaborar los diversos planes, ya que, como afirma Reyes Ponce: "El objetivo sería infecundo si los planes no lo detallaran, para que pueda ser realizado íntegra y eficazmente: lo que en la previsión se descubrió como posible y conveniente, se afina y corrige en la planeación".[16]

---

[16] Agustín Reyes Ponce, *Administración de empresas. Teoría y práctica*, primera parte, Limusa, México, 1975, p. 165.

De mercado

Mercado:

- Características.
- Tamaño.
- Localización.
- Demografía.
- Vecindario.
- Costumbres.
- Niveles de educación.
- Tendencias de la educación.

Clientela:

- Preferencias y características del mercado.
- Respuestas en relación con:

  – El producto.
  – El servicio.
  – La publicidad.

Competencia:

- Características.
- Cantidad de competidores.
- Políticas de los competidores.
- Precios de la competencia.
- Ofertas de la competencia.
- Reacción de los clientes del competidor.
- Eventos sociales realizados por la competencia.

Utilidades:

- Por artículo.
- Por segmentos.
- Por día.
- Por hora.
- Centro de costos y utilidades.
- Debilidades rentables frente a la competencia.
- Factores de la demanda.

Del negocio

- Parámetros financieros: liquidez, rotaciones, márgenes de utilidad y rentabilidad.
- Ventas.
- Costos.
- Gastos.
- Activos.
- Endeudamiento.
- Tendencias.
- Estados financieros.

Organizacional

- Estrategias: objetivos, planes y políticas.
- Procedimientos: por áreas, por funciones, por actividades, por persona, por responsabilidades, organigramas.
- Procesos: de controles, contables, de comunicación.

De operación

- Elaboración del menú: en función del tipo de negocio.
- Elaboración de recetas.
- Fijación de estándares, de productividad, de calidad, de porciones.
- Cuadro básico de alimentos, bebidas y otros.
- Compras: selección de proveedores, cotizaciones.
- Almacenaje: inventarios físicos, métodos de valuación de inventarios, requisiciones.
- Producción: cocina.
- Espacios y áreas de trabajo: producción, servicio, almacenaje, recepción, oficinas, áreas verdes.
- Costos de materia prima y sueldos y salarios.
- Recursos físicos: (condiciones, expectativas de vida, valor histórico y actual, depreciación, amortización, costo de mantenimiento, costo de almacenaje).
- Personal: clasificación de trabajos, especificaciones de trabajo, reglamento interno de trabajo, contratos, programa de incentivos.

Del entorno

- Economía.
- Reglamentaciones: comercio, salud, pesas y medidas, manejo de alimentos, bebidas alcohólicas.

- Construcción, bomberos, contaminación, zonificación.
- Contratos: franquicias, licencias, patentes y marcas registradas.
- Temporalidad.
- Clima.
- Costumbres, estilos de vida.
- Desempleo.
- Valores de la comunidad: actitud frente al alcoholismo, al giro del negocio, decencia, moral, estética.

Así, siguiendo la secuencia del establecimiento de los objetivos, se pasa a la planeación, y de esta a la programación. El mismo Reyes Ponce define los programas como:

> Aquellos planes en los que no solamente se fijan los objetivos y la secuencia de operaciones, sino principalmente el tiempo requerido para realizar cada una de sus partes; los programas están constituidos a su vez por una serie de actividades, que forman los programas arquitectónicos, operativos, financieros y el de recursos humanos.

Pasos para la programación administrativa:

- Definir actividades.
- Lista de objetivos.
- Separar actividades.
- Establecer autoridad.
- Asignar funciones.
- Seleccionar personal.
- Preparar organigrama.
- Revisión y análisis.

Programas fundamentales

Los requisitos anteriores encajan a la perfección en el sentir del inversionista que pretende dedicarse al giro restaurantero; sin embargo, es prudente considerar que para cumplir sus objetivos deben tenerse en cuenta las limitaciones financieras y los requerimientos del servicio. También conviene establecer objetivos de mercadotecnia, producción y de recursos humanos, así como operativos para estructurar, con base en los particulares, cinco grandes programas (fig. 1.3).

Este listado de actividades previas a la apertura del restaurante revela la inquietud de no dejar al azar ningún punto que afecte la puesta en marcha del negocio; aun así, la experiencia demuestra que a última hora faltan esos

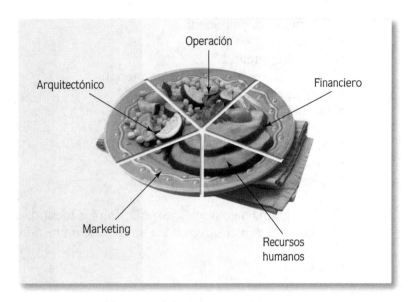

Figura 1.3. Actividades preliminares.

"pequeños detalles", que a menudo son motivo de gran preocupación para el administrador o el dueño en el momento de iniciar operaciones.

Como se ha mencionado, estas actividades se agrupan en los cinco programas señalados y se concentran en relación con características similares, de tal manera que el programa arquitectónico incluirá, entre otras, actividades de construcción del inmueble o adaptación del mismo, instalación del equipo, licencias de construcción, etc., así como la definición del concepto sobre el cual se centrará la actividad restaurantera.

Factores de ingeniería civil

- Construcción y/o distribución de instalaciones técnicas: tomas de agua, de energía eléctrica, desagüe.
- Distribución de mesas, estaciones de servicio, cocina, áreas verdes, recepción y almacenamiento de mercancías.
- Tamaño de cada área.
- Acabados.

Factores que crean la atmósfera en un restaurante

- Colores.
- Iluminación.
- Sonidos.

- Temperatura ambiental.
- Olores.
- Tipo de asistentes.
- Diseño exterior y decoración interna.
- Publicidad externa.
- Jardinería y áreas verdes.
- Diseño de las mesas.
- Apariencia y uniforme de meseros.
- Diseño del menú.
- Edad y vestimenta de la clientela.

En el programa mercadológico se definirá la identidad comercial, incluyendo los factores constitutivos de la imagen de un restaurante, como:

- Calidad:

    – Confianza en el restaurante y su cocina.
    – Adecuada presentación del servicio.

- Particularidades que ofrece el negocio:

    – Oferta de servicios y productos.
    – Ambientación.
    – Carta.
    – Ubicación.
    – Atenciones especiales (carta Braile, acceso y facilidades a minusválidos, etc.).

- Beneficios: satisfacción real que ofrece a los comensales.

Con esto se genera la "identidad comercial" de la organización restaurantera a través de un nombre comercial adecuado, identificación de colores institucionales, diseño (imágenes, símbolos, logotipo y eslogan).

Programa de producción

Hacerse cargo de las comidas de cientos de personas no es tarea fácil. Requiere planear los menús, determinar los ingredientes que se necesitan, elaborar el listado de compras y, por último, cocinar. Y si no se quiere aburrir a la clientela repitiendo semana tras semana los mismos platillos, habrá que idear otros; en muchos casos recetas complicadas y en otros platillos sencillos, rápidos de elaborar, saludables pero sabrosos. La idea de este programa es elaborar recetas de los platillos presentados en el menú, relacionarse con proveedores, solicitar diversas cotizaciones que satisfagan las necesidades del restaurante en cuanto a precios de compra de alimentos, tiempos de entrega y recepción de la mercancía, control de la calidad de los productos, almacenamiento en las mejores condiciones, entrega de materiales a cocina y, desde luego el costear las recetas de los platillos que componen la carta, para poder fijar el precio de venta de cada platillo ofertado a los comensales.

En este sentido, el programa financiero constituye un paquete de actividades inherentes que mejorarán mediante el adecuado aprovechamiento de las herramientas administrativas a las que tiene acceso el empresario moderno.

Información y programas fundamentales

Para que el negocio restaurantero funcione con mayor eficacia, es necesario delimitar los diversos campos administrativos de acción; ello facilitará, en gran medida, el desempeño cotidiano de la actividad gastronómica. El enfoque sistémico propuesto se deriva de un análisis de la teoría de sistemas, que si se aplica será de gran utilidad para la consecución de los resultados deseados.

Este enfoque propone que la gerencia general reciba de manera constante información útil, confiable y verificable en relación con el mercado, negocio, organización, operación y entorno. Con base en lo anterior, debe:

- Fijar objetivos.
- Promover la interacción entre todos los subsistemas que componen la organización.
- Actuar bajo las limitantes internas y externas de la organización.
- Actuar bajo la premisa de que los recursos con los que cuenta son limitados.
- Desarrollar actividades propias del negocio restaurantero.
- Desarrollar características inherentes a la actividad (liderazgo, innovación, trabajo en equipo).
- Promover la administración estratégica para desarrollar planes y programas que lleven al objetivo inicialmente planteado, para prever los cambios.
- Buscar el máximo rendimiento de los recursos e incrementar las oportunidades de operación.
- Tener información necesaria para la toma de decisiones respecto al mercado, negocio, organización, operación y entorno.

Actividades de preapertura

La planeación con base en los objetivos genera una serie de programas de los cuales, al mismo tiempo y de acuerdo con la magnitud del volumen de operaciones, se derivan diversos subprogramas, en los que considera gran número de actividades relativas a la preapertura del restaurante o a la operación misma del negocio; las primeras, debido a la premura de la recuperación de la inversión, forman parte de una ruta crítica que servirá como herramienta de planeación, considerando el tiempo y costo de cada una de ellas. A continuación se presenta un listado modelo de las actividades que han de desarrollarse, según el estilo, el mercado al que se atiende, el aspecto legal, la forma de constitución, etc.:[17]

- Seleccionar y evaluar el lugar.
- Aprobar la adquisición del mismo.
- Adquirir el terreno.
- Idear un programa de servicio de alimentos.
- Idear un programa de elaboración de alimentos.
- Planear un paquete de financiamiento.
- Realizar una investigación de mercados.
- Elaborar un programa de requerimiento de equipo.
- Contratar los servicios necesarios (telefónico, energía, etc.).
- Elaborar planes de publicidad (prensa, radio, TV).
- Designar áreas (de estacionamiento, de empleados, de almacenaje, etc.).
- Dar a conocer el domicilio comercial para enviar y recibir correspondencia.
- Preparar una ruta crítica de actividades.
- Seleccionar el diseño de los interiores (colores, jardinería, etc.).
- Adquirir el mobiliario.
- Efectuar gastos de instalación.
- Obtener licencias de operación.
- Seleccionar y contratar gerentes, subgerentes y jefes de piso.
- Establecer fecha de apertura física y fiscal.
- Programar utensilios menores de cocina y de servicio.
- Seleccionar proveedores y plazo de recepción de mercancías, de pago, descuentos, etcétera.
- Recibir en un tiempo razonable dicha mercancía.
- Suscribirse a publicaciones especializadas o de mayor circulación.

[17] El listado de actividades mencionado es enunciativo y no limitativo; al mismo tiempo, se presenta a propósito en desorden para que cada quien le dé la secuencia conveniente, de acuerdo con sus propias necesidades.

- Seleccionar instituciones bancarias para el manejo de cuentas de cheques, inversiones y líneas de crédito.
- Contratar servicios complementarios (basura, limpieza, vidrios, fumigaciones, mantenimiento, etc.).
- Establecer el reglamento interior de trabajo, con base en la *Ley Federal del Trabajo*.
- Elaborar manuales, formularios y documentos por utilizar, y darlos a conocer en su oportunidad.
- Estructurar el plan de prestaciones y beneficios a empleados.
- Determinar las necesidades del personal (calendario de actividades, vacaciones, temporada alta y baja, etc.).
- Elaborar un programa de capacitación y desarrollo del personal.
- Establecer las reservas de carácter legal, fiscal y contable.
- Establecer el procedimiento de valuación de inventarios.
- Preparar operativos de seguridad y emergencia e instruir al personal de servicio y cocina.
- Elaborar políticas de operación, fiscales, de servicio, personal, financieras, etcétera.
- Elaborar la técnica presupuestal requerida.
- Elaborar el flujo de caja correspondiente.
- Estudiar y asignar fondos fijos de cajas departamentales.
- Analizar y otorgar créditos pertinentes a empresas y personas físicas.
- Seleccionar el nombre del negocio y logotipo-registro.
- Determinar las actividades principales y las secundarias.
- Determinar la forma legal de constitución (S. A., S. de R. L., etc.).
- Determinar el capital social y la forma de exhibición.
- Aplicar de manera adecuada los recursos disponibles.
- Establecer un sistema de información mercadológica.
- Establecer un sistema de información financiera.
- Preapertura.
- Apertura.

Es bueno que un empresario restaurantero defina desde el principio su concepto para que los clientes lo identifiquen y se consolide, para que no haga una mezcla deforme de su negocio.

Estudios que hay que realizar para la apertura

A pesar de que la apertura de un negocio constituye una verdadera aventura, el conocimiento previo del escenario multidisciplinario que envuelve una organización restaurantera logrará que los riesgos asumidos disminuyan o cuando menos se conozcan con anterioridad, solventando con mayor eficiencia la incertidumbre que un nuevo proyecto representa. En la diversa gama de capacitación que se ofrece cotidianamente a neoempresarios o a aquellos que ya se encuentran en activo, las escuelas de negocios[18] insisten en preparar a los interesados en la elaboración de estudios para la gran apertura de un negocio gastronómico. A continuación se enuncian los estudios de mayor relevancia.

Estudio de factibilidad y rentabilidad. Determina si el lugar donde se encuentra o quiere ubicarse el restaurante es viable y el más conveniente desde el aspecto económico para lo cual debe evaluarse lo siguiente:

- *Estudio de mercado.* Se debe reconocer, anticipar o crear las necesidades del cliente que es más educado, con mayor experiencia internacional, independiente, socialmente responsable, centrado en ideas de conservación del medio ambiente, respetuoso de las culturas, deseoso de conceptos creativos e innovadores, demandante de un servicio personalizado con un alto concepto de costo-beneficio. También es importante el conocimiento de la competencia y las tendencias gastronómicas nacionales e internacionales. Con respecto a los conceptos puede hablarse de eclécticos, minimalistas, lounge, style y boutique, entre otros, en donde la arquitectura, decoración, audio y video ofrecen en conjunto un ambiente armonioso y confortable para el cliente.
- *Estudio financiero.* Proyecta la inversión total, punto de equilibrio, ganancias esperadas, así como el tiempo de recuperación para seleccionar las fuentes de financiamiento.
- *Estudio de localización.* Se debe considerar el dinamismo económico del área, la accesibilidad, y sobre todo, una excelente comunicación y visibilidad del restaurante.

Estudio de tramitología requerida. La falta de este estudio es una de las principales causas del fracaso de los restaurantes, ya que en él deben tomarse en cuenta los requisitos sociales (vecinos del área), políticos, culturales, ecológicos y legales, como impuestos, uso de suelo, venta de bebidas alcohólicas, anuncio externo, entre otros muchos, los cuales varían dependiendo de la ubicación del restaurante.

---

[18] Estructura del Programa de Capacitación Empresarial de la Universidad Anáhuac del Sur, del cual el autor ha sido en varias ocasiones instructor invitado en el Programa de estudios en empresas gastronómicas.

Trámites de apertura

Objetivo: Conocer las gestiones que se deben realizar para iniciar el negocio restaurantero.

- Escritura constitutiva (en caso de sociedades).
- Alta ante autoridades fiscales.
- Alta patronal ante el IMSS.
- Alta patronal ante el INFONAVIT.
- Impuesto sobre nóminas.
- Autoridades sanitarias.
- Registro ante cúpulas empresariales (Canirac, AMR…).
- Apertura de cuenta bancaria.
- Visto bueno de Protección Civil.
- Constancia de zonificación del uso de suelo.

Obligaciones de carácter laboral

Objetivo: Conocer las principales obligaciones laborales a cargo del patrón.

- Inherentes a la prestación del trabajador.
- Educación.
- Previsión social.
- Sindicales.
- Protección a los trabajadores.
- Otorgar constancias y permisos.
- De colaboración (cajas de ahorro, actividades culturales…).
- Creación de comisiones.

Contratos básicos para operar

Objetivo: Conocer las nociones mínimas de los contratos básicos que se deben establecer entre la empresa y las personas externas para una adecuada operación.

- Contratos de compra-venta de bienes o arrendamiento.
- Contratos de servicios (mantenimiento, limpieza…).

Obligaciones de carácter fiscal

Objetivo: Conocer cuál es el cumplimiento de las obligaciones fiscales del negocio.

- Impuestos federales.
- Impuestos estatales.

- Impuestos locales.
- Cuotas obrero-patronales IMSS.
- Cuotas INFONAVIT.
- Afore.
- Impuesto sobre la nómina.

Prestaciones básicas laborales

Objetivo: Conocer las prestaciones básicas a las que tienen derecho los trabajadores.

- Individuales. Salario mínimo, jornada de trabajo, vacaciones, descansos…
- Colectivas. Derecho a formar coaliciones, sindicatos, huelga, riesgo de trabajo…

Cobertura de riesgos

Objetivo: Conocer la ubicación de la empresa con respecto a su protección patrimonial, tanto de bienes como de personas.

- Seguro de personas, seguro de daños, fianzas…

Conceptualización y diseño del restaurante. Con los resultados positivos del estudio de factibilidad y rentabilidad deben diseñarse los menús de alimentos, bebidas y vinos, ya con esto listo debe conceptuarse el restaurante, diseñando los planos y el dimensionamiento de sus áreas, empezando por la cocina, que es el motor productivo, considerándose los flujos de servicio, así como la compra de equipos de alta calidad a proveedores profesionales.

Técnicas de servicios. Se utilizan para ofrecer los alimentos al cliente, pueden ser de varias nacionalidades o uno de los más comunes en nuestros días, que es el servicio fusión, el cual mezcla varias de las técnicas mencionadas.

Plan de mercadotecnia. Definido el concepto, los productos y servicios, se desarrolla este plan, que motivará altas ventas y construirá relaciones duraderas de lealtad, al ofrecer al comensal "experiencias y sensaciones gastronómicas inolvidables".

Capital humano. La industria gastronómica, por su naturaleza de servicio debe considerar de forma relevante la importancia de selección, contratación, capacitación y desarrollo de talento.

Capital humano

Existen teorías económicas que establecen que un ser humano que recibe educación de calidad, incrementa su formación académica de manera constante y recibe capacitación para el trabajo, adhiere a su persona un valor adicional que se complementa con experiencia y recibe el nombre de "capital humano"; la educación se convierte en una inversión y por ello su denominación de capital. Los países que vinculan sus programas sociales con el desarrollo de sus habitantes mediante educación de calidad muestran mejores resultados en crecimiento y en sus principales indicadores económicos.

Diversos estudios explican los beneficios de capacitar al personal, fomentar su estabilidad en el empleo y promover esquemas de salud que mejoren sus condiciones de vida; refieren a un capital personal e inherente al ser humano como consecuencia de estos factores.

Una persona con educación tiende a generar mayores ingresos, mejorar sus condiciones de vida y extender estos beneficios a su núcleo familiar. Las teorías que explican las características y los beneficios de formar capital humano se originaron hace más de 200 años, pero fueron retomadas por diversos economistas en la segunda mitad del siglo XX, en estudios que pretendían demostrar los alcances de la educación en el contexto macroeconómico:

> …Fomentar la educación y con ello mejorar las condiciones intelectuales y las competencias laborales de una persona tiene una lógica irrefutable. Establecer condiciones para hacerlo en complemento a las políticas públicas en la materia no es un tema que se presente con frecuencia en la iniciativa privada, por lo menos no como una filosofía institucional. A pesar de que se trata de una obligación legal, no todas las empresas apuestan por la capacitación como herramienta para mejorar su operación y optimizar las características de sus trabajadores, renuncian a la posibilidad de generar capital humano con pretextos de índole diversa.[19]

Manual de operaciones. Por último, los procesos, estándares y sistemas implementados deben concentrarse en esta guía indispensable para el logro de una calidad estandarizada y de clase mundial que facilite el crecimiento y expansión exitosa del restaurante.

LA QUIEBRA

Las cifras respecto del fracaso de los negocios restauranteros son muy confusas, esto le ha dado al gremio la reputación de ser uno de los giros que posee mayor índice de quiebras; por desgracia, en muchos casos es cierto. Estudios al respecto arrojan resultados de gran valor para la industria; al analizar el seguimiento del ciclo de vida de los negocios gastronómicos se observa que la mayoría de ellos ni siquiera lograron llegar a una etapa de madurez, es decir, las actividades de apertura del establecimiento pasaron

---

[19] Jaime Flores, "Empresa y negocios", en *El Economista*, 29 de mayo de 2018.

casi de inmediato a la etapa crítica de la decadencia hasta su completa desaparición del mundo empresarial sin lograr sobrevivir como un sistema viable, aun cuando, en ciertos momentos sus propietarios le aportaron recursos adicionales como "capital de fe".

Algunas empresas que sobreviven y han logrado continuar a pesar de las actividades erróneas y de las adversidades del suprasistema en que se desarrollan, existen bajo la tutela de familias que dependen del negocio, de sus bajos ingresos y sus altos costos de operación, y continuarán en esas condiciones hasta que la competencia y las variables externas provoquen su total eliminación. Estos establecimientos son muy pequeños para obtener grandes utilidades y no tendrán oportunidad alguna de progresar, pues se encuentran muy aislados de sus mercados, provocando poco impacto para competir con las cadenas y franquicias que actúan bajo la ley del más fuerte. Estos prestadores de servicios, aunque en realidad existen como una célula empresarial, técnicamente son considerados como un fracaso mercantil.

El grupo anterior forma parte de la estadística aterradora, que indica que de cada 100 nuevos restaurantes que inician operaciones, 50 quiebran o abandonan al final del primer año; después de cinco años, solo la tercera parte sigue operando, y algunos de estos, unos tres, emergerán como una gran empresa a futuro.

¿Qué sucedió durante el primer año de vida de tales establecimientos, que finalmente se vieron obligados a abandonar su actividad? ¿En qué momento se dio el punto de quiebra y qué problemas enfrentaron que no pudieron resolver? Las respuestas que proporcionaron los afectados son dignas de tomarse en cuenta como antecedentes y diagnóstico para quienes piensen iniciar una aventura similar o se encuentren en la declinación de su ciclo empresarial; quienes ahora lamentan haber perdido y malgastado su inversión confiesan haberse enfrentado a los siguientes problemas:

- Disminución en los ingresos o ventas.
- Incremento en costos.
- Aumento en gastos de operación.
- Acumulación de inventarios.
- Compras excesivas.
- Inflación.
- Mercados insuficientes.
- Pérdidas.
- Endeudamiento excesivo.
- Falta de control en pasivos.
- Baja liquidez.
- Poco capital de trabajo.
- Baja rentabilidad.

- Impuestos excesivos.
- Pasivo a corto plazo superior al de largo plazo.

Resulta evidente que al iniciar la aventura empresarial ninguno de ellos pensaba que tales conflictos surgirían durante los primeros 365 días de operación. Aceptan, además, que nunca se preguntaron si estaban dispuestos a arriesgar dinero, tiempo, energía y reputación para dar a la idea inicial la oportunidad de demostrar que valía y enfrentarse a la etapa crítica de supervivencia y sacrificio. Los restaurantes nacen en un clima estimulante de esperanza pero tienen que sobrevivir en un mundo lleno de retos y desafíos.

Además de los problemas a que se enfrentaron los involucrados en fracasos de sus negocios, aceptaron haber cometido los siguientes errores:

- No comprendieron bien lo que debían hacer.
- No formularon programas de actividades futuras.
- Iniciaron sin información de la empresa y su mercado.
- Entraron al negocio sin la experiencia adecuada.
- Hicieron una mala selección de sus empleados y dejaron de motivarlos.
- En muchos casos, menospreciaron a la competencia.
- Sobrevaluaron su mercancía y sus servicios.
- En muchos casos, crecieron con demasiada rapidez y el negocio se les fue de las manos.
- Iniciaron con poco capital y lo gastaron sin prudencia.
- En otros casos, iniciaron con exceso de capital que también fue gastado sin prudencia.
- Compraron a crédito en exceso.
- No formaron un fondo o reserva de contingencia.
- La mayoría no dio al negocio la atención y el esfuerzo necesarios.
- Omitieron llevar registros y reportes adecuados.

Si es usted de los que desean adquirir un restaurante, sea en arrendamiento, franquicia o compra, no olvide las confesiones de quienes ya experimentaron un fracaso; si hace planes para iniciar su propio negocio y es de los que acuden al llamado de los anuncios clasificados, tenga en cuenta que quien ofrece en venta un establecimiento de alimentos y bebidas, casi siempre lo promueve porque no pudo obtener el suficiente rendimiento para continuar; es necesario averiguar el "porqué" no tuvo el éxito esperado, qué puede rescatar de lo existente y analizar lo que puede hacerse al respecto. Tenga en mente que cuando el propietario de un restaurante lo vende, es posible que lo haga sin clientes. Las estadísticas al respecto indican que la clientela casi siempre es leal no tanto al negocio, sino al propietario.

Por último, en una encuesta realizada por Dun & Bradstrett, llamada The Business Failure Record, se detallan algunas causas del fracaso de las empresas:

- Descuidos.
- Fraudes.
- Desastres.
- Ventas poco adecuadas.
- Incompetencia.
- Experiencia no balanceada.
- Falta de experiencia.
- Debilidad competitiva.
- Gastos de operación elevados.
- Deuda elevada.
- Problemas con clientes.
- Dificultades con los activos.
- Dificultades con el capital.
- Falta de habilidad directiva.
- Dificultad para obtener buenos gerentes.
- Competidores agresivos.
- Reglamentación gubernamental excesiva.
- Financiamiento escaso.

El negocio restaurantero es el primero en resentir una crisis, pero también es el primero en comenzar a recuperarse.

La quiebra puede ser originada por una infinidad de motivos. No podríamos analizarla por caso, ya que ello resultaría imposible.

A efecto de despertar la reflexión acerca del tema, incluimos cuatro casos en que, por diversas razones, el negocio entró en crisis.

Sin duda los lectores sacarán sus propias conclusiones y podrán evaluar la importancia que revisten una administración sana, una planificación adecuada y una toma de decisiones sensata.

Casos

Caso 1. El restaurante "Alfa", ubicado en céntrico lugar de la ciudad, es un establecimiento considerado como de lujo, con atención esmerada. Su menú presenta poca variedad y el gerente considera que no es necesario actualizarlo. Cuando un cocinero dejó el trabajo, el gerente no lo remplazó, con objeto de ahorrar. Debido al aumento del costo de la vida, algunos artículos del menú aumentaron el precio de venta. La renta aumentó y la materia prima (alimentos y bebidas) se incrementaron de forma alarmante, a tal grado que su punto de equilibrio se vio amenazado. Los dueños vendieron el restaurante, en cuyo local opera ahora una zapatería.

Caso 2. El restaurante familiar "La flor", de reciente apertura, tiene una decoración sobresaliente. Los precios del menú son aceptables dentro del mercado, pero el cocinero se queja con frecuencia de las instalaciones de la cocina, pues son insuficientes conforme aumenta la clientela. Los dueños reconocen que les faltó prever dicho aspecto, así como el área de almacenaje y basura. Debido a lo anterior, a medida que se ampliaba el menú se requería de nuevo equipo para cada artículo vendido. Sin embargo, a pesar de que los ingresos fueron superiores a lo esperado, los altos costos de mano de obra y operación en la elaboración de platillos obligaron a cerrar el negocio.

Caso 3. En una cafetería ubicada dentro de una afamada universidad, con un menú adecuado al gusto de los estudiantes, se confió la administración a un celoso de su deber, y apegado a la teoría, introdujo cambios en la presentación de los platillos (más refinados), aspecto que representó un incremento en los costos. Dio a la cafetería un aspecto más formal, compró mantelería para las mesas, remplazó los platos y cuchillería de plástico por loza y cristalería. Sin embargo, los precios de venta no pueden aumentarse, debido al tipo de clientela y un convenio con las autoridades escolares, así que en la próxima junta del comité universitario se pretende plantear la necesidad de un considerable subsidio, para que la cafetería pueda continuar funcionando. (Adaptado de: *Curso de administración de restaurantes*, Cornell University, Estados Unidos).

Caso 4. Planet Hollywood, la cadena estrella de restaurantes temáticos en Estados Unidos, cerró nueve de sus 32 restaurantes en Estados Unidos para incrementar una restructuración, luego que la empresa fue oficialmente colocada en una situación de arreglo judicial.

La firma tiene 80 restaurantes en Estados Unidos y varias capitales turísticas en todo el mundo. En el extranjero son principalmente franquicias. Los primeros en cerrar fueron locales estadounidenses. En México, por falta de viabilidad financiera cerraron los establecimientos de Los Cabos y Cozumel.

Planet Hollywood acumuló 244 millones de dólares de pérdidas en 1998.

La empresa, que entró en 1996 a la bolsa de Wall Street, apuntalada por la presencia de una veintena de estrellas-accionistas, paga los costos de haber servido comida mediocre a precios altos.

En términos de imagen, marketing y comunicación, Planet Hollywood presentó un abanico de accionistas del *show bussines*, desde Arnold Schwarzenegger hasta André Agassi, pasando por Demi Moore y Sylvester Stallone.

Cindy Crawford y Noemi Campbell prestaron sus imágenes para campañas de relaciones públicas de esta cadena cuando estuvo de moda.

Los títulos de acciones que llegaron a 30 dólares en Wall Street durante 1997, en octubre de 2000 se cotizaban a 20 centavos de dólar en la bolsa electrónica *Nasdaq*.

La empresa fue víctima de un crecimiento fulgurante y del agotamiento de restaurantes temáticos (Hard Rock Café, Rain Forest, etc.), que prestan más atención a lo que colocan en los muros que a lo que sirven en los platos.

Como primer paso para una restructuración, su presidente y fundador Robert Earl, junto con otros inversionistas, planean darle importancia a algunos locales y realzar los menús invirtiendo 30 millones de dólares.[20]

Caso 5. Es innegable el desarrollo y presencia de la corporación multinacional McDonald's, en el actual concierto de la industria restaurantera mundial. La influencia que esta negociación ha ejercido sobre el gremio ha provocado grandes cambios en la forma de hacer negocio. Hoy la corporación está captando nuevos consumidores con alimentos más saludables mediante un variado menú.

A lo largo de los años se ha ido extendiendo, hasta ser uno de los restaurantes con mayor presencia en el mundo, convirtiéndose en un símbolo de Estados Unidos, la comida rápida, el capitalismo y la globalización. McDonald's es la cadena más grande en el mundo y provee una variedad de hamburguesas y otros productos de comida rápida. Esa presencia global ha permitido a la publicación británica *The Economist* elaborar el índice Big Mac, que consiste en comparar lo que cuesta una hamburguesa Big Mac, la más famosa de la cadena, en todos los países que la venden y establecer así un parámetro común de los costos de vida en cada país y saber si las monedas están sobrevaloradas con respecto al dólar estadounidense.

Sin embargo, este liderazgo no ha sido fortuito, la clave para su éxito está basada en la mejora continua del plan de la firma para ganar en las 5 P (*people*-gente, productos, plaza, precios y promoción). Para la corporación, mantener una excelente relación con los clientes resulta su máxima prioridad, además, su liderazgo en marketing le permite tener una marca sólida encaminada a un crecimiento sustentable para los próximos años.

Queda claro que el sector de comida rápida avanza sin freno en todo el mundo, donde cada empresa busca un hueco en el mercado, y McDonald's tiene el suyo en todas partes del mundo.

Curiosamente, el producto que vende McDonald's es casi el mismo en todo el planeta, adaptando la oferta a los gustos de cada país (por lo que al parecer –en principio– no somos tan distintos en cultura o gustos). Hoy día la "Big Mac", hamburguesa más famosa de la empresa, triunfa en los cinco continentes y se convierte en un punto común entre los habitantes del planeta.

McDonald's es una empresa estadounidense; una corporación que ha dado el salto y ha salido de su mercado original (EUA) para conquistar el

---

[20] "Confirman la quiebra de Planet Hollywood", en *El Financiero*, México, 12 de octubre de 2000.

mundo con su calidad. Sin duda, el secreto del triunfo consiste en ofrecer una inmejorable relación entre calidad y precio.

Algunos datos importantes que convierten esta cadena de hamburguesas en líder a nivel mundial son:

- McDonald's es una cadena de restaurantes de comida rápida.
- Sus principales productos son las hamburguesas, las papas fritas, los menús para el desayuno, los refrescos, las malteadas, los helados, los postres y, recientemente, las ensaladas de frutas y otros productos exclusivos para diversos países.
- Atiende a unos 68 millones de clientes por día en más de 36 000 establecimientos en 119 territorios y países alrededor del mundo.
- La cadena empleó 1.7 millones de personas.
- En la mayoría de los restaurantes se han incluido distintas áreas con juegos para niños.

Todo mundo conoce esa "cajita feliz" que McDonald's ha hecho famosa entre los niños de todo el mundo. Pues bien, detrás de cada cajita feliz hay muchas horas de investigación para llegar al producto ideal. Es evidente que McDonald's atiende a la perfección su segmento.

La empresa. McDonald's es reconocida a nivel mundial, tanto por ser una organización comercial de alta calidad, como por ser una de las mejores oportunidades de oferta de franquicias (la clave del éxito de McDonald's es tener una base muy firme de personas: sus franquiciados).

McDonald's y sus franquiciados constituyen la organización más importante en locales de comida de servicio rápido.

El primer local en la historia del servicio rápido de comidas fue inaugurado por los hermanos McDonald's en 1948, en San Bernardino, California (EUA). Ellos le dieron una nueva "dirección" al negocio: ofrecieron comida preparada y servida a alta velocidad y, además, modernizaron el sistema de la época, al remplazar el lavavajillas por servilletas y bolsas de papel.

Un menú limitado y un alto volumen de ventas caracterizaron el éxito del nuevo restaurante. Ray Kroc, por entonces vendedor de la máquina mezcladora de Shake, sorprendido por la cantidad de "multi-mixers" solicitada, visitó a los hermanos McDonald's en 1954 y les propuso abrir más lugares como ese.

Por tanto, en 1955 se inauguró el primer local de la corporación a cargo de Ray Kroc. Entre las décadas de 1950 y 1960, el visionario Ray Kroc y su equipo gerencial, aplicaron de manera adecuada sus habilidades directivas, estableciendo una exitosa filosofía operativa del sistema McDonald's: calidad, servicio, limpieza y valor.

Hoy día son más de 36 000 establecimientos en el mundo en donde se alzan los arcos dorados, y además se venden 150 hamburguesas por segundo.

Su éxito es grande, de hecho desde hace 10 años es la empresa comercial para clientes al menudeo más rentable en Estados Unidos, y sigue creciendo, abriendo un promedio de tres a ocho locales por día en el mercado mundial.

En todo el mundo sus locales ofrecen un menú estándar, aunque en cada cultura se desarrollan productos especiales que se ajustan al gusto de cada comunidad. Por ejemplo, en algunos restaurantes de Alemania se ofrece cerveza, vino en los franceses. En algunos de los restaurantes en Extremo Oriente se sirven fideos orientales. En Canadá, el menú incluye queso, verduras, salchichas y pizzas.

Los alimentos se preparan de acuerdo con las leyes locales; por ejemplo, en los menús de los países árabes se cumplen las leyes islámicas de preparación de alimentos, al igual que en Israel con la cultura Kosher, en la cual no se sirven productos lácteos.

McDonald's es líder en el mercado. La mayoría de encuestas empresariales, revistas de negocios y otras publicaciones especializadas sobre imagen y percepción, colocan a McDonald's entre las 10 primeras empresas del mercado local y líder absoluto en su categoría. En el listado de las 200 marcas más admiradas, con frecuencia aparece entre los primeros 10 puestos en las siguientes categorías:

- Servicio de comidas rápidas.
- Atención al cliente y ética comercial.
- Calidad de productos y/o servicios.
- Atención al cliente.
- Política de precio.
- Honestidad y transparencia.
- Trayectoria.

"Mi cuestionamiento surge a partir de cómo es posible que una combinación de cuatro elementos logre que unas cantinas dispersas por California del Sur, se transformen en menos de 30 años en una gran empresa" (Ray Kroc).

Ray Kroc, un desconocido vendedor de batidoras para hacer helados, después de haber pasado por infinidad de oficios, un día recibe un pedido importante de parte de una cadena de restaurantes de California del Sur, de la que jamás había oído hablar.

A raíz de la importancia de este pedido, decide ir personalmente a operar con su cliente. Allí fue donde observó la multitud que entraba y salía de aquel pequeño negocio de los hermanos McDonald's, que vendía hamburguesas a 15 centavos de dólar. Lo que ahí se servía era sencillo y barato:

hamburguesas, papas fritas y malteadas. Después de varias conversaciones con los exitosos hermanos, acordó la franquicia para habilitar nuevas bocas de expendio. Conforme con el acuerdo, Kroc debía cobrar 1.9 % de los ingresos netos de cada concesión, y la cuarta parte de sus ingresos pasaría a los hermanos McDonald's.

Este ambicioso hombre de negocios, en 1954 construyó su primer servicio McDonald's cerca de la carretera de Des plains, en un suburbio de Chicago. El lugar estuvo lleno desde el primer momento en que abrió. Los habitantes del medio oeste apreciaban la posibilidad de ir a un McDonald's y poder alimentarse rápidamente sin bajarse del auto.

Alentado por este éxito se extendió por las carreteras más importantes del centro de Estados Unidos. Al cabo de cinco años, los restaurantes tenían un nivel de ventas cercano a los 50 millones de dólares. Pese al auge de su negocio, Kroc se sentía insatisfecho. Él quería ser propietario único de una cadena de restaurantes rápidos.

Y es así como en 1960 consigue su objetivo por 2 700 000 dólares. Una de las metas que deseaba alcanzar Kroc en las décadas de 1960 y 1970 fue tratar de incrementar las operaciones de sus locales de ventas. Y para poder aumentar el número de personas que podrían ser alimentadas al mismo tiempo, agregó al servicio exterior de los estacionamientos servicio de mesas y barras. Esto estimuló las ventas en los establecimientos situados en ciudades donde el número de propietarios de automóviles era relativamente bajo.

Ray Kroc vio la necesidad de crear un programa de entretenimiento para sus empleados. Los encargados de cada uno de sus negocios debían seguir cursos muy exigentes en la McDonald's Hamburger University.

Una de las claves de Kroc era la limpieza en cada establecimiento: el piso debía estar siempre limpio, y para ello debía ser lavado cada hora. Kroc realizaba frecuentes inspecciones para asegurarse de que sus reglas eran cumplidas. Un día, en un local de Montana descubrió un trozo de goma de mascar pegada en la parte inferior de una mesa: se arrodilló y lo arrancó. Este negocio en menos de 20 años se convertiría en el "grande de la hamburguesa, con un nivel de facturación y utilidades de millones de dólares".

Claves competitivas:

- Definición del negocio.
- Misión.
- Visión empresarial.
- Objetivo corporativo.
- Metas corporativas.
- Mapa de posicionamiento.

Estrategias empleadas:

- Estrategia para la "dominación global".
- Estrategias competitivas genéricas utilizadas.
- Liderazgo total en diferenciación.
- Estrategias alternativas:

  – De integración.
  – Intensivas.
  – Para el crecimiento.
  – Administración de la calidad.
  – Localización de empresas.

Análisis de las fuerzas competitivas. McDonald's solo será efectivo en la medida que logre establecer una sociedad con sus empleados (endomarketing), franquiciados y proveedores para proporcionar un valor en realidad alto al cliente.

- Proveedores. La política de McDonald's con respecto a sus proveedores es el desarrollo de relaciones a largo plazo y mutuamente benéfica, que permitan mantener los estándares de calidad de la compañía. Desde las materias primas y durante todo el proceso de producción (cadena de valor) McDonald's se compromete a brindar siempre la máxima calidad, seguridad, frescura y sabor en todos sus productos.
- Franquicias. Poseen planes ambiciosos para ampliar sus programas de franquicias, con el cual proporcionan apoyo total al franquiciado para su consolidación y para mantener los estándares requeridos por McDonald's. Esta corporación tiene éxito porque cuenta con un sistema de normas corporativas y oportunidades individuales y el franquiciado se integra al mismo con valores y expectativas claras y compartidas.

McDonald's concibe el sistema de franquicias como una auténtica asociación entre un empresario independiente y la compañía, cuyo prestigio y experiencia están reconocidos en todo el mundo. Cerca de 70 % de sus restaurantes son franquicias. Las franquicias son de dos tipos: la convencional y la franquicia BFL (*business facility lease*).

Competencia. McDonald's también enfrenta la ardua competencia de muchas cadenas de restaurantes de comida rápida. Tal es el caso de Taco Bell, Wendy's, Burger King, Lomiton, Kentucky Fried Chicken, Pizza Hut, entre otros, los cuales bajaron sus precios a la vez que intentan aventajar el atractivo menú y el rápido servicio de McDonald's. Estas cadenas se distinguen por brindar al consumidor productos con calidad homogénea, siempre disponibles en una red de locales manejada en su mayoría por franquicias, garantizando el mismo tipo de atención en establecimientos que se caracterizan por su limpieza, un menú estándar y servicio rápido. En ese sentido, uno de los ejes de su éxito fue el desarrollo de una red de concesionarios y otra de proveedores con una sofisticada infraestructura de abastecimiento, así como la vinculación con la industria procesadora a través de rígidas especificaciones, tratando siempre de reducir costos de la materia prima. Los productos de origen agropecuario constituyen uno de los principales insumos, por tanto estas cadenas han provocado un fuerte impacto en la industria alimentaria y en la producción primaria.

Competidores potenciales. McDonald's, al ser líder del mercado y poseer la mayor parte del mismo, es poco probable que enfrente un competidor nuevo con recursos humanos, tecnológicos o financieros suficientes para competir con este modelo de negocio.

Clientes (target de la empresa). Lo constituyen en especial jóvenes de 14 a 25 años y padres con hijos de entre 2 y 8 años, que buscan un lugar entretenido donde alimentarse. Debido al envejecimiento promedio de la población, McDonald's sostiene particular interés en el mercado adulto.

Por otra parte y en menor número también se encuentra en su clientela el ejecutivo que acude al mediodía en busca de calidad, variedad y rapidez. Este tipo de cliente no está en la "onda" de la estrategia de McDonald's de ser un lugar alegre y divertido y solo un lugar para comer.

Comportamiento del consumidor. Otro condicionante es que a medida que el público se preocupa más por la salud, el consumo de carne de res se ha reducido.

Michael Quinlan, la cabeza de McDonad's, sostiene que los clientes "están más interesados en el sabor, la comodidad y el valor... Le estamos dando a los clientes lo que ellos quieren".

Cada miembro de la organización pone toda su pasión para servir a los clientes, de manera que ellos se sientan siempre lo más cómodos posible. Para ello se utilizan ingredientes de alta calidad, locales con estándares de higiene estrictos, servicio superior al cliente y un ambiente familiar donde niños, jóvenes y adultos tienen su propio espacio.

McDonald's posee una clientela fiel en más de 40 millones de personas por día alrededor del mundo.

Cuando los niños van acompañados por sus padres la decisión de compra recae sobre los propios niños y la compra en sí es realizada por los padres; sin embargo, cuando los niños y jóvenes van solos, la decisión de compra y la compra se realiza en el seno del grupo.

La mayoría de los clientes van a este tipo de establecimientos por la tarde, ya sea para celebrar cumpleaños, citarse con amigos o como alternativa a otro tipo de ocio. La estadía media en el establecimiento es de unos 40 minutos.

Cadena de valor. McDonald's vigila la calidad del producto y el servicio por medio de constantes encuestas a los clientes y dedica mucho esfuerzo para mejorar los métodos de producción de hamburguesas a efecto de simplificar las operaciones, bajar los costos, acelerar el servicio y entregar mayor valor a los clientes.

McDonald's emplea un sistema de operaciones bastante rígido. Existen reglas específicas para hacer todo, desde establecer la distancia entre la pared y el refrigerador, hasta la temperatura exacta con que deben freírse las papas. Todos estos métodos se encuentran detallados en manuales especiales.

La empresa trajo a este nuevo mercado un concepto de servicio rápido original, donde los detalles son bastante cuidados para brindar al consumidor un producto excelente. McDonald's logró diferenciarse de sus competidores a través de la integración de su cadena de valor con la de sus proveedores y sus compradores, formando así todo un sistema interrelacionado que le permita lograr máximos beneficios.

Análisis FODA de McDonald's: Puntos fuertes y puntos débiles

Puntos fuertes:

- Imagen corporativa.
- Rentabilidad.
- Infraestructura.
- Personal capacitado.
- Compañía líder en el sector de la comida rápida.
- Alta calidad de "management".
- Excelente tecnología y diseños.
- Muy buena calidad de comida, sin necesidad de que el consumidor se preocupe por su salud.
- Gran variedad de menús al consumidor.
- Rapidez en el servicio de la comida rápida con el sistema "ready-to-eat" (listo para comer). Este sistema proporciona comida caliente, en su punto exacto de cocción, en tan solo 60 segundos.
- Buen sistema de distribución.

La empresa dice que el entorno se convierte en un mercado de muchas posibilidades, pudiendo ofrecer el producto a todo tipo de consumidor.

Puntos débiles:

- Su posición dominante podría ser cuestionada.
- Un estudio de mercado revela que el consumidor prefiere la comida de restaurante, ya que se tiene la sensación de que es más sana.
- Demora en la atención en horarios pico.

Amenazas y oportunidades (factores externos)

Amenazas:

- Ingreso de nuevos competidores. Existe la posibilidad de que alguien desarrolle una nueva empresa del mismo tipo y con más poder económico, pudiendo admitir como ejemplo nuestra empresa para mejorar y no cometer los posibles errores que puedan cometerse en el transcurso de penetración al mercado.
- Productos sustitutos.
- Quejas.

Oportunidades:

- Adquirir nuevas tecnologías.
- Recursos humanos calificados.
- Apertura de nuevas sucursales.
- Introducir nuevos productos.

Desarrollo y comercialización de los productos. Buscan constantemente agregar valor a la marca McDonald's y elevar su reputación entre sus clientes. Esto incluye el desarrollo de productos nuevos, como la pizza, para resolver la prueba y las exigencias de sus clientes, y para proporcionar un mayor número de opciones cumpliendo con los requisitos de una dieta equilibrada.

Política de precios

- Método de fijación de precios utilizados:

  - Fijación de precios económicos: a través de las promociones se ofrece un producto de alta calidad a un precio relativamente bajo.
  - Fijación de precios según el valor percibido por los clientes.

- Técnica de fijación de precios promocionales empleada. Descuentos psicológicos: se fija un precio artificial alto. Con su correspondiente descuento, representa un ahorro psicológico significativo para el cliente. Ejemplo: Big Mac, antes $7, ahora $5, ahorro $2.

Políticas de promoción. McDonald's gasta millones de dólares al año en todo el mundo en campañas publicitarias y de promoción, en un intento por cultivar la imagen de ser una empresa "verde" y "cuidadosa" en la que además es divertido comer. Los niños entran seducidos, "arrastrando a sus padres" con la promesa de muñecos y otros artilugios. Estos avisos bombardean a su principal mercado: los niños.

En McDonald's se intenta que la publicidad no agreda a las personas y se adhiera a todos los códigos de publicidad en cada país. Pero también algunos se manifiestan en contra de la explotación cínica de los niños consumidores. Veamos ambas estrategias.

1. McDonald's utiliza una estrategia publicitaria que se aprovecha de los niños. Las técnicas publicitarias de McDonald's están orientadas al público infantil, fácilmente impresionable; con sus llamativos colores y ambiente de circo se impulsa a los niños a entrar, lo que constituye una presión enorme para los padres, presión con la que McDonald's cuenta para asegurar sus ganancias. Así se utiliza a los niños como cómplices inocentes de esta industria.

2. Promoción de alimentos insanos. McDonald's promociona su comida como "nutritiva", pero en realidad no es más que comida chatarra: con altos contenidos de grasa, azúcar y sal, y baja en fibra y vitaminas. Una dieta de este tipo está asociada con un mayor riesgo de padecer enfermedades coronarias, cáncer, diabetes y otras enfermedades. Además, su comida contiene muchos aditivos químicos, algunos de los cuales son la causa de una mala salud y de hiperactividad en los niños. Tampoco debemos olvidar que la carne es la causa de la mayor parte de incidentes de envenenamiento de la comida. En 1991 McDonald's fue responsable de un brote de envenenamiento de comida en Gran Bretaña, en la que la gente sufrió graves problemas hepáticos. Con los modernos métodos de agricultura y ganadería intensivos, otras enfermedades –asociadas a residuos químicos y prácticas artificiales– también se han convertido en un peligro para los humanos (como la Enfermedad de las vacas locas).

Responsabilidad social (marketing social de la empresa). La responsabilidad de McDonald's es una actitud continua para sus clientes, transformada en constante preocupación por la calidad, la innovación y el compromiso con las comunidades en las que participa.

Para McDonald's, ofrecer a sus clientes los más altos niveles de calidad y seguridad es su mayor prioridad, así como la vocación por la superación permanente. Así, ser los mejores implica superar siempre las expectativas de sus clientes, ofrecer oportunidades de crecimiento en la carrera de cada uno de sus empleados, involucrarse con las realidades de las comunidades y dar respuestas solidarias. A decir de Ray Kroc: "Tenemos la obligación de devolver algo a la comunidad que nos da tanto".

Responsabilidad por la salud de sus clientes. El menú de McDonald's está compuesto de carne, pan, papas, lácteos y vegetales, que pertenecen a los principales grupos de alimentos que necesita nuestro cuerpo:

- Carnes, pescados, aves y huevos (ricos en proteínas, grasas, vitaminas A, B y D, y buena fuente de minerales con hierro, potasio y fósforo). Ejemplo: hamburguesas, McPollo y McNuggets.

- Grasas y aceite (aportan grasas y vitaminas A, D y E). Ejemplo: salsas y aderezos.
- Cereales, leguminosas y tubérculos (contienen proteínas y fibra con vitaminas A, D y E). Ejemplo: panes y papas.
- Hortalizas y verduras (de vital importancia en la dieta, aportan vitaminas C y A, carbohidratos, fibra y sales minerales). Ejemplo: ensaladas.
- Leche y derivados (ricos en vitaminas A, B y D, calcio y proteínas). Ejemplo: sundaes y helados.
- Frutas (proporcionan vitamina C, carbohidratos, fibra y sales minerales). Ejemplo: jugo de naranja.

Sin embargo, las hamburguesas, las papas fritas, los huevos y las salchichas no están precisamente al inicio de las recomendaciones para un menú dietético normal.

No obstante, muchas organizaciones sostienen que cada vez que una persona entra a un McDonald's está destruyendo su salud, ya que al ir a McDonald's se mantiene una dieta alta en grasa, azúcar, productos animales y sal (sodio), y baja en fibras, vitaminas y minerales, promocionada como "comida rápida". En realidad, es "comida chatarra", diseñada para ir, comer y volver rápido en un ritual consumista que trata de ocultar la pésima calidad de la comida que se sirve. Las hamburguesas tienen 48 % de agua y las lechugas que se sirven están tratadas con 11 diferentes tipos de químicos para mantenerlas verdes y crujientes por más tiempo. De todos los incidentes de contaminación de alimentos, 70 % corresponde a la carne. En los mataderos, la carne puede contaminarse con los contenidos viscerales, estiércol y orina, provocando infecciones bacteriales. Para contrarrestar esa posibilidad, se inyectan enormes dosis de antibióticos a los animales, lo que junto con el uso de hormonas de crecimiento, generan una amenaza seria para los consumidores habituales de carne.

Los nutriólogos, por ejemplo, argumentan que el tipo de dieta gorda, baja en fibra promovida por McDonald's, está ligada a las enfermedades serias tales como cáncer, enfermedad cardiaca, obesidad y diabetes, enfermedades que son responsables de casi 75 % de muertes prematuras en el mundo occidental. McDonald's responde que la evidencia científica no es concluyente y que su alimento puede ser una parte valiosa de una dieta equilibrada.

El argumento de la empresa es: "si la gente desea comprar que sea por su decisión".

Endomarketing (marketing interno de la empresa):

1. Programa de Inserción Laboral de Jóvenes con Capacidades Especiales. Desde hace más de siete años, en McDonald's Argentina se lleva a cabo el Programa de Inserción Laboral de Jóvenes con Discapacidad. El proyecto surgió de la mano de la Fundación Discar, que hoy coordina este programa, y junto con instituciones como la Fundación Surco en Buenos Aires y otras en el interior del país, permite que hoy se encuentren trabajando más de 100 jóvenes con capacidades especiales en sus locales.

El objetivo del programa es darle la oportunidad al joven discapacitado de insertarse en el mundo laboral, favorecer el desarrollo de sus capacidades y concientizarse de que la persona con discapacidad puede insertarse en el mundo laboral, desarrollando tareas con eficacia y buen rendimiento, gozando de las mismas oportunidades y beneficios, y respetando las obligaciones que correspondan al resto de los empleados. Participan en este programa jóvenes con diferentes tipos de discapacidad mental. Quienes se postulan son entrevistados por profesionales de las fundaciones, que evalúan mediante entrevistas si el perfil del joven se adapta al trabajo en el local. Esta modalidad asegura al joven, a su familia y a la compañía que la inserción sea un éxito. Las fundaciones tienen un papel relevante en este programa, ya que sirven de apoyo y soporte profesional en el seguimiento de los jóvenes.

A lo largo de este periodo los resultados han superado las expectativas generales y las experiencias son muy gratificantes para los jóvenes, su familia y la compañía. Cada día se aprende de ellos, de su alto nivel de responsabilidad, de sus ganas de aprender y crecer, de su capacidad para integrarse a grupos y trabajar en equipo. Muchos de ellos han obtenido la distinción de "Empleado del mes", y otros han sido promovidos a entrenadores, demostrando sus altos estándares, compromiso y pasión. En McDonald's están convencidos de que este programa es un éxito, y por ello se comprometen a seguir entrenando jóvenes con capacidades especiales y a sus familias para darles una oportunidad real de inserción laboral.

2. Convenio con la Universidad de Morón. La Universidad de Morón y McDonald's sellaron un convenio para el desarrollo de proyectos educativos conjuntos, y anunciaron que el primer paso de este acuerdo será la implementación de una nueva carrera denominada "Tecnicatura Universitaria en Comercialización Minorista". Esta carrera, de dos años de duración, apunta a formar profesionales en el ámbito del comercio minorista. Los alumnos que integren el equipo gerencial de McDonald's podrán aspirar a becas para cursar la carrera, y todo el personal que se inscriba gozará de una bonificación especial.

3. Los profesionales del futuro. McDonald's ofrece posibilidades a todos. Los principios de calidad, servicio y limpieza empiezan con su gente. Para lograrlo, cuentan con distintos programas de reclutamiento, selección y desarrollo.

a) Programa de formación de futuros gerentes de local. Para poder estar a cargo de un local de McDonald's es imprescindible entrenarse. Este programa de entrenamiento es el mejor de la industria, es progresivo y está estructurado de tal manera que combina la teoría con la práctica, acompañando el aprendizaje en el local con cursos y seminarios en su Centro de Entrenamiento. En él se entrena para convertirse en un gerente efectivo, un líder con destreza para reclutar y seleccionar gente, trasmitir conocimientos, motivar y delegar, construir ventas y ganancias. Los primeros tres meses servirán para incorporarse al negocio, al aprender las tareas correspondientes a todos los puestos de los empleados. Luego de esta etapa, de acuerdo con las destrezas aprendidas y el desempeño se podrá promover a posiciones con más responsabilidad con los incrementos salariales correspondientes. Paso a paso se llegará a la meta: gerenciar un local de McDonald's. Este programa tiene una duración aproximada de dos años. Los requisitos para postularse son:

- Tener entre 23 y 30 años de edad.
- Certificado de secundaria como formación mínima.
- Disponibilidad para trabajar en turnos rotativos.
- Poseer experiencia previa en áreas de servicio, *retail* y atención al cliente.
- Poseer capacidad de trabajo en equipo, actitud de servicio, orientación a resultados, excelente comunicación, liderazgo, compromiso e integridad.

4. Programa "fast track" para profesionales. Otro programa que permite alcanzar la posición de gerente de local es el programa *fast track* para profesionales. La diferencia básica con el anterior es que es más rápido: tiene una duración de nueve meses e incluye otros requisitos para postularse:

- Tener entre 26 y 33 años de edad.
- Certificado de bachillerato como formación mínima.
- Disponibilidad para trabajar en turnos rotativos.
- De preferencia poseer experiencia previa en áreas de servicio, retail, atención al cliente.
- Tener capacidad de trabajo en equipo, actitud de servicio, orientación a resultados, excelente comunicación, liderazgo, compromiso e integridad.
- Habilidades de management.

No obstante, algunos consideran explotación ejercida sobre los trabajadores de McDonald's. La mayoría son personas que tienen pocas opciones de trabajo, por tanto son forzadas a aceptar su explotación, teniendo una jornada laboral de más horas que las habituales, con sueldos mínimos. McDonald's no paga las horas extra como tal, aunque sus empleados trabajen turnos de muchas horas. La presión para conseguir grandes beneficios y bajos costos da lugar a emplear menos gente de la necesaria, con lo que los empleados deben trabajar más tiempo y con mayor rapidez. Como consecuencia, los accidentes (en especial las quemaduras) son muy frecuentes. La mayor parte de los empleados son personas que tienen pocas posibilidades laborales y se ven forzadas a aceptar esta explotación, ¡y encima se les obliga a sonreír! No es de sorprender que los trabajadores duren poco en McDonald's, lo que les impide unirse en sindicatos para luchar por mejores condiciones, lo cual le viene bien a McDonald's, que siempre se ha opuesto a los sindicatos.

Compromiso con el medio ambiente. McDonald's siente que tiene una responsabilidad especial para proteger el medio ambiente para las futuras generaciones. Ellos piensan que en el mundo de hoy, un líder de los negocios debe ser un líder ambiental.

Su compromiso y comportamiento ambiental se guía por los siguientes principios:

- *Reducir.* Toman acciones sobre el peso y/o volumen del empaque que utilizan. Esto puede significar eliminar el empaque y hacerlo más delgado y liviano, cambiar los sistemas de fabricación y distribución, adoptar nuevas tecnologías y usar materiales alternativos. Están en la continua búsqueda de materiales que sean ambientalmente preferibles.
- *Reutilizar.* Implementan materiales reciclables, cuando es posible, dentro de sus instalaciones y sistemas de distribución, siempre y cuando no comprometan los estándares de seguridad e higiene, servicio al cliente y expectativas, y no sean contrarrestadas por otros intereses ambientales y de seguridad.
- *Reciclar.* Están comprometidos al uso máximo de materiales reciclados en la construcción, equipamiento y operaciones de sus restaurantes. McDonald's compra materiales reciclados para construir y remodelar sus restaurantes y les pide a sus proveedores que le suministren y usen productos reciclados.

Logros ecológicos

- Reducción de 150 000 toneladas de empaque por el rediseño y la reducción del material utilizado en las servilletas, vasos, contenedores de papas fritas, envoltorios de sándwiches, etcétera.
- Compra de productos hechos de materiales reciclados por más de 3000 millones de dólares, tanto para la operación como la construcción de los locales de McDonald's.

- Reciclado de más de 2 millones de toneladas de cartón corrugado, el material más usado para el transporte de los productos de McDonald's a los 12 500 locales de la cadena en Estados Unidos, reduciendo así los desechos de los locales en 30 %.

LA PROPINA

Whit Hobbs, conocedor de lo que la gente realmente desea y opina sobre los negocios restauranteros y hoteleros, realizó entrevistas profundas a un grupo de personas. Hobbs llega hasta el subconsciente y averigua qué es lo que las personas sienten sobre determinadas cosas. En una ocasión dijo que los clientes de los restaurantes han cambiado bastante:

> El comensal quiere más; y cada movimiento debe ser hacia arriba... dejando de lado la economía para ocuparse del lujo... Siempre desea más: más estilo, más calidad, más elegancia, más originalidad, más sorpresas, mejor servicio. En la actualidad, debe aplicarse un enfoque adecuado y personal.[21]

Todos los entrevistados por Hobbs manifestaron odiar las propinas: "Odio tener que verme obligado a dejar una cantidad que realmente no deseo dejar", decía alguien; para otro la propina es una forma de extorsión o chantaje que un mesero astuto obtiene de un cliente reacio. Alguien más manifestó que en muchos casos la competencia entre el personal de servicio, en relación con la cantidad obtenida en propinas, puede generar celos y fricciones, ya que con frecuencia el tema de las propinas es motivo de disputas entre empleados y algunas veces, incluso, entre ellos con el patrón. Otros entrevistados manifestaron que no existe congruencia respecto del monto de las propinas, ya que se presentan diferencias regionales, de estatus, edades y sexos en el momento de dejarlas.

En otro punto de la entrevista, se expresa que la imagen pública de la gastronomía como negocio no es muy buena. Muchos creen que parte de la razón puede radicar en que la mayoría de los puestos de trabajo en este giro están cubiertos por personas que necesitan muy poca o ninguna experiencia y preparación. Estos empleos son cubiertos por personas no especializadas y, muchas veces, por personas de muy baja condición económica o social. En relación con lo anterior, Donald E. Lundberg[22] dice que es de todos conocido que dichos puestos son ocupados por personas inestables que muchas veces trabajan dos o tres días. Al menos, 30 % de los empleados del negocio restaurantero trabajan tiempo parcial, factor

[21] Whit Hobbs, citado por Lundberg, en *op. cit.*, vol. 1, p. 96.
[22] Donald E. Lundberg, *op. cit.*, vol. 3, p. 355.

Lo que a los clientes les gusta o disgusta oír

Gusta escuchar	*Disgusta escuchar*
1. Hola, nos alegra verlo aquí.	1. Sí. Diga. ¿Qué quiere?
2. Bienvenido, mucho gusto de tenerlo entre nosotros.	2. Lo siento, pero esta no es mi sección.
3. Bienvenido, nos complace verlo otra vez.	3. No se aceptan sustituciones de platillos.
4. Esa es una buena elección, yo la recomiendo.	4. Estamos fuera de servicio.
5. Seguro, podemos hacerlo por usted.	5. Estamos muy ocupados.
6. ¡Por supuesto! Tómese su tiempo, tomaré su orden en unos minutos.	6. No tomamos órdenes especiales.
7. Tenemos deliciosas especialidades hoy. Déjeme hablarle de ellas.	7. No sé si lo tengamos, iré a verificar y luego regreso.
8. Permítame verificar con el *chef*, pero estoy seguro de que él será capaz de adaptarse a su petición.	8. ¿Quién de ustedes ordenó esto?
9. La gente que viene aquí es muy importante.	9. ¡Tiene que ordenar ahora! No puedo regresar después.
10. La gente que trabaja aquí está para servirle.	10. ¿Podría apurarse? No tengo todo el día.
11. No existe ningún cargo extra por ello.	11. ¿Qué hay de malo con el plato? A mí me parece bien.
12. ¿Algo más que le preocupe?	12. Solo aceptamos efectivo.
13. Lo verificaré ahora mismo.	13. ¿También ordenó lo mismo?
14. Su mesa está lista.	14. Yo no ordenaría eso si fuera usted.
15. ¡Sí! Manejamos las principales tarjetas de crédito.	15. Si ya terminó, gracias por venir. Necesitamos la mesa.
16. Esto es cortesía de la casa.	16. Eso tiene muchas calorías, ¿de veras lo quiere?
17. Me alegra que le guste, hemos recibido muchas felicitaciones sobre este platillo.	17. Espérese. Solo tengo dos manos.
18. Ese es un excelente vino para acompañar su orden.	18. Usted parece ser un tipo de grandes propinas.
19. Iré a la cocina a ver qué pasa con su carne.	19. Debió hacer su reservación antes.
20. Le traeré un poco más…	20. Lo lamento, pero le advertí que el plato estaba caliente.
21. Gracias por venir.	21. No se encuentra el *chef*.
22. Tenemos servicio (para llevar).	22. No se encuentra el gerente.
23. Nos alegraría escuchar cualquier sugerencia.	23. Es la misma especialidad de todos los días.
24. Fue un placer servirle.	24. Haré el cargo extra a su cuenta.
25. Esperamos verlo pronto.	25. ¿Cómo voy a saberlo?, yo no cocino, solo sirvo.
	26. Yo no trabajo mañana.
	27. Su tarjeta de crédito no pasó (enfrente de sus invitados).
	28. ¿Qué, no pidió esto?

que provoca inestabilidad entre los empleados y contribuye a la deficiente imagen de la industria.

En descargo de los empleados, las encuestas arrojan que quizá un factor importante en el deterioro de la imagen restaurantera es el bajo salario, que muchas veces se encuentra en el mínimo permitido por la ley.

Estos empleados saben intuitivamente que comer fuera de casa implica para el comensal problema de tiempo y deseo de un espacio agradable y adecuado para satisfacer el hambre, saben que con agilizar el servicio y complacer las necesidades del cliente serán recompensados de manera generosa con la respectiva dádiva.

En el negocio de alimentos y bebidas debe entenderse que las personas acuden a los restaurantes por algo más que el acto de comer. Si bien es cierto que se disfruta del arte culinario, también existe un "ingrediente" adicional que representa el valor agregado a la calidad de los platillos. La combinación de factores como: ubicación del establecimiento, prestigio del negocio, satisfacción psicológica, sentirse importante y muchos otros elementos generan el "costo de satisfacción" que se está dispuesto a pagar.

El "costo de satisfacción" incluye, desde luego, el importe de la propina, que no es otra cosa que agradecer un servicio personalizado; como dice William B. Martin:

> El mesero no debe conformarse con pensar que es suficiente solo tomar órdenes a los clientes y servir comida, los clientes quieren algo más que ser alimentados; quieren que se les trate bien. Sus clientes quieren sentirse cómodos y relajados, a salvo de daños y enfermedades e importantes y apreciados. En resumen, quieren que el mesero se preocupe por ellos.[23]

El que una persona reciba un trato amable y sienta que se preocupan por ella, provoca que pague un sobreprecio al valor de producción de los platillos, que quizá en otro establecimiento no estaría dispuesto a pagar.

Dejando a un lado el valor monetario de las propinas, estas se utilizan también como punto de evaluación de la eficacia, astucia y habilidad de cada mesero, de aquí que muchos propietarios de restaurantes mantengan el pensamiento que los empleados poco serviciales no deberían trabajar en un restaurante, a menos que se trate de uno de comida rápida. Además, dichos propietarios han manifestado, en defensa de la propina, que esta representa una ayuda al costo de la mano de obra, ya que es un sueldo que no paga el patrón y compensa la diferencia entre el salario mínimo recibido y la productividad del trabajador. Por supuesto que las autoridades hacendarias deberían considerar las propinas como parte de los salarios, porque de hecho lo son y como tal deben ser declarados por el trabajador; sin embargo,

---

[23] William B. Martin, *Guía de servicios en restaurantes*, Trillas, México, 1991, p. 16.

representa un problema tanto para Hacienda como para el propio emplea-do, pues es difícil cuantificar la cantidad recibida en las propinas, que ni el propio mesero sabe con exactitud.

Como se ha planteado ya, existen diferencias regionales en la dádiva de la propina, y diferencias entre los distintos individuos a la hora de entre-gar la propina: los fumadores de pipa se caracterizan en general por no dejar; las mujeres suelen dejar poca; algunas personas adineradas son muy conser-vadoras y otras muy generosas. Un reportero realizó una clasificación de los tipos de propina después de entrevistar a varias meseras, los resultados se muestran en el cuadro 1.3.

Cuadro 1.3. Tipo de clientes.

Clasificación	*Puntuación*
Hombres con esposas	Mejor olvidarlos
Hombres con sus novias	Buenos, les gusta demostrar
Hombres solos	Buenos, pero no siempre. Hay que ir con cuidado.
Mujeres solas	Terribles
Mujeres en grupo	Peor, mejor irse
Hombres a los que les gusta "sobar"	Generosos (si se les deja)
Hombres a los que les gusta "pellizcar"	Generosos (si aún no han re-cibido un puñetazo)
Los que han recibido un aumento de sueldo.	Excelentes
Hombres maduros con ideas raras	Realmente buenos

Por último, es prudente mencionar que, con ventajas o desventajas, la propina se acostumbra en todos los países, y el mesero trabaja realmente para los clientes porque, en concreto, los clientes pagan su salario; por tanto, el mesero y personal de servicio deben saber:

- Lo que desean los clientes.
- Lo que necesitan.
- Lo que piensan.
- Cómo se sienten.
- Qué sugerencias tienen.
- Si están satisfechos.

Consejos para iniciar un negocio

Ser empresario o nuestro propio jefe es el sueño de muchas personas. Pero, ¿cuál es la forma del éxito?

El común denominador entre los grandes empresarios del siglo XX fue que cada uno supo calibrar, en su momento, lo difícil que era sacar adelante una empresa, la forma como coinciden el mundo y la fortaleza que tienen para transformarlo.

La importancia en el éxito de una empresa es equivalente a las virtudes de integridad, dedicación y confianza en sí mismo, saber lo que quiere y tener el valor para realizarlo.

Es indudable que cada día se manejarán más ventas e información en medios electrónicos modernos con internet, telemarketing y muchos otros que hoy ni siquiera somos capaces de imaginar.

Algunos expertos en la materia, como Fernando Quintero, en su libro *El emprendedor y su empresa*, destaca varios puntos prioritarios.

Visión empresarial. Es un punto de vista global de los elementos que deben constituir una empresa, las estrategias que por ningún motivo deben olvidarse, las sugerencias para comenzar, desarrollar y sostenerse en las mejores condiciones posibles y con un alto estándar de competencia y calidad.

Apertura de su negocio. Si usted piensa instalarse en una zona y tiene los recursos económicos, tecnológicos y humanos para competir donde alguien presta el mismo servicio que pretenda dar y le gustan los retos, ¡hágalo!

Despacio pero seguro. Mejor instálese en un lugar en que su servicio sea necesario. Tal vez vaya más despacio pero será más seguro y los clientes lo valorarán mejor.

Atención y servicio al cliente. Hoy más que nunca el cliente determina qué empresas funcionarán en el siglo XXI. El reto consiste en estar atentos a las expectativas de nuestros clientes y un paso adelante de nuestros competidores.

Para que la empresa funcione bien, es indispensable y necesario que los mandos superiores de cada establecimiento escuchen a su personal y sus clientes.

Slogan. Una pequeña frase comercial puede proyectar ante el público en general, proveedores, clientes, autoridades o vecinos la forma de pensar del emprendedor y todo el personal de una organización.

Ética de la empresa. La ética no es un producto, sino una forma de comportamiento que hace ganar la confianza de todos los que nos conocen. Empresas bien manejadas y con un comportamiento ético, tienen siempre un mejor futuro.

Formas de conservar a los clientes. No hay recetas mágicas para obtener los resultados que deseamos. Sin embargo, existen algunos principios que deben regir el comportamiento del personal de la empresa, ya que han probado en la práctica que con todos los clientes funcionan bien. Entre ellos destacan:

Surtido: El cliente lo único que entiende es que quiere encontrar lo que busca y, si no lo encuentra, se forma una idea equivocada de nuestro nivel de servicio.

Calidad: Nunca debe estar por debajo de lo que cuesta el producto o servicio, porque al paso del tiempo el consumidor se sentirá engañado y se puede perder en un abrir y cerrar de ojos.

Precio: Los compradores siempre buscan recibir la mejor calidad y servicio por el monto que pagan; por ello, si sus mejores precios no son los mejores de la zona, por lo menos deben estar en rangos competitivos.

Responsabilidad: Consiste en gran parte en dar asesoramiento a los clientes sobre lo que quieren comprar, informándoles de las opciones que existen.

Confiabilidad: Debemos cumplir siempre lo ofrecido al cliente y en el tiempo prometido.

Apariencia agradable: Nunca hay una segunda oportunidad para causar una buena impresión inicial. Por ello es importante tener una apariencia limpia y una sonrisa que invite al cliente a interesarse y preguntar sobre los productos y servicios que usted ofrece.

Honestidad: Solucionar los posibles problemas que se presenten después de la venta es una obligación legal y moral que debe cumplirse con rapidez y de buena manera si quiere que los clientes prefieran seguir con usted.

Empatía. Significa que debe actuarse poniéndose en el lugar del cliente, entender bien lo que desea y comprender sus puntos de vista; en pocas palabras, ponerse en sus zapatos.

Imagen. La imagen de una empresa es tan compleja como importante; cada persona puede percibirla y valorarla desde un ángulo diferente. Solo piense en todas aquellas personas que, cuando van a hacer un obsequio, visualizan en primer lugar la tienda donde comprarán antes que el regalo. Esto es un ejemplo de cómo la imagen de una tienda mueve el ego y la vanidad del comprador.

La importancia de los colores es tal que si se envasara café en botes de diferentes colores, la percepción del tipo de grano cambiaría en la mente de los posibles compradores. De esta forma, si el envase fuera amarillo, se pensaría en un café demasiado suave; si fuese azul, se percibiría café de aroma ligero, y si el envase fuera marrón, se imaginaría de un sabor fuerte. Tenga presente que la imagen de una empresa la percibe el público en general por medio de los cinco sentidos: vista, tacto, olfato, oído y gusto.

Trascendencia del factor humano. Muchas de las mejores ideas que se implementan en las empresas provienen del personal; debemos recordar siempre que nadie conoce mejor un área de trabajo que las personas que laboran en ella diariamente.

Cuando el empresario escucha al personal y pone en práctica algunas de las ideas aportadas, se crea una relación de confianza, se genera más entusiasmo, compromiso y se resuelven con mayor facilidad todos los problemas de resistencia al cambio.

Mantenga un buen producto a buen precio con una publicidad atractiva y oferta continua de nuevos productos, reducción en gastos de operación y sistematización en las operaciones

21 maneras de agradar al cliente
(Compromisos básicos: el mejor marketing de un restaurante)

1. El saludo, la sonrisa y una mirada directa es el principio fundamental para el primer contacto con el cliente.
2. Cuidar la imagen personal es imprescindible para representar la imagen del restaurante.
3. La bienvenida al cliente empieza por su nombre, si lo conocemos. Desde este momento hasta la despedida nuestra disposición siempre será de ayuda.
4. En nuestra empresa siempre existe el "Sí" para nuestros clientes.
5. El éxito de mi trabajo es fruto de mi trabajo y de cada uno de los que formamos parte del equipo de la empresa. Mis compañeros también son mis clientes, a los que debo de atender.
6. Siendo proactivos siempre nos adelantaremos a los deseos del cliente.
7. La flexibilidad y la imaginación son claves para resolver problemas y mejorar nuestro trabajo.
8. Cada uno de nosotros representa la fuerza de ventas de la empresa. Nuestra actitud positiva con el cliente siempre generará nuevas ventas.
9. Siempre cuidamos cada uno de los momentos en los que nos relacionamos o contactamos con el cliente. Nunca debemos olvidar que estos momentos no se repiten. Acertar a la primera es garantía de éxito.

10. Debemos conocer al máximo y con detalle lo que vendemos para poder informar al cliente.
11. Si somos capaces de escuchar, aprenderemos. Todos los días tenemos que sumar lo que hemos aprendido.
12. La responsabilidad sobre lo que hacemos corresponde a cada uno.
13. Tan importante es recibir como despedir al cliente.
14. Nunca deje de trasmitir su agradecimiento por la visita de un cliente.
15. Procure que el servicio mantenga un ritmo uniforme, evitando las esperas entre plato y plato.
16. Si encuentra alguna deficiencia comuníquela de inmediato a los responsables del servicio.
17. Revise siempre la cuenta (factura) antes de entregársela al comensal para comprobar que está correcta.
18. Procure mantener siempre limpia el área de trabajo.
19. Respete las normas generales que la empresa restaurantera tiene establecidas.
20. Cualquier sugerencia para mejorar el trabajo, por favor comuníquela.
21. El cliente es la esencia de nuestro negocio. Cuídelo, porque todos dependemos de él.[24]

25 maneras de desagradar al cliente

A continuación se listan 25 deficiencias de servicio garantizadas para que un cliente de restaurante no quede satisfecho.

1. Abrir tarde o cerrar temprano.
2. Dejar que el teléfono suene cinco veces antes de contestar o dejar al cliente en espera durante más de 30 segundos.
3. Permitir que se sienten ante una mesa sucia.
4. No llenar o rellenar con rapidez los vasos de agua.
5. Dejar migajas de pan, pedazos de comida o manchas en las sillas o los asientos.
6. Dejar que los alimentos o las bebidas calientes se enfríen antes de servirlos.
7. Dejar que los alimentos fríos se calienten a la temperatura ambiente antes de servirlos.
8. Servir los alimentos en platos astillados o desportillados.
9. Poner en la mesa cubiertos manchados, opacos o sucios.
10. Servir té o café en tazas opacas o manchadas.

[24] Jesús Felipe Gallego, *Marketing para hoteles y restaurantes (en los nuevos escenarios),* Paraninfo, España, 2009.

11. Dejar pedazos de comida, servilletas o trozos de papel en el piso o la alfombra.
12. Servir algo que no ordenó.
13. Llegar con varios platillos y preguntar: "para quién es qué".
14. No servir alguno de los platillos.
15. No ofrecer un postre después del plato principal.
16. Dejarlo que haga fila, si hay mesas disponibles.
17. No reabastecer con rapidez la mesa de buffet o las barras de ensaladas.
18. Servir cócteles decorados con frutas resecas.
19. Dejar que esté sentado a la mesa mucho tiempo, sin hacerle caso ni tomarle la orden.
20. Ignorarlo después de haberle servido.
21. En el desayuno, no ofrecerle café al momento de sentarse.
22. Tener goma de mascar en la boca al hablar con el cliente o atender las mesas.
23. Usar lenguaje vulgar o hablar de temas de mal gusto frente a los clientes.
24. Dar la impresión de coqueteo a un cliente, su cónyuge o pareja.
25. Cobrar precios altos por comida mediocre o mal preparada.

CUESTIONARIO DE CONTROL

1. ¿Qué importancia reviste para el restaurantero estar enterado de la situación económica del país?

2. ¿Por qué es primordial, para el interesado en el establecimiento de un restaurante, elaborar previamente un diagnóstico de la problemática de este giro?

3. ¿Cómo afecta a la restaurantería el comportamiento del entorno empresarial en que se mueve?

_____

_____

_____

_____

_____

_____

_____

4. ¿Con qué recursos cuenta el restaurantero para poder desempeñar su actividad?

_____

_____

_____

_____

_____

_____

_____

5. ¿Cuál es la función de mercadotecnia, producción, recursos humanos y finanzas en la restaurantería?

_____

_____

_____

_____

_____

6. ¿Cuáles son los aspectos fiscales que un restaurantero deberá enfrentar?

_____

_____

_____

_____

_____

7. Enumere objetivos empresariales a corto, mediano y largo plazos que el restaurantero debe considerar.

_____

_____

_____

_____

_____

8. ¿Cuál es su opinión respecto de la importancia del éxito financiero de los restaurantes?

_____

_____

_____

_____

_____

9. ¿Por qué resulta fundamental la planeación para el establecimiento de objetivos?

_____

_____

_____

_____

_____

10. ¿Piensa usted que la mayoría de las quiebras de restaurantes se deben a problemas financieros?

_____

_____

_____

_____

_____

CAPÍTULO 2

LA INFORMACIÓN FINANCIERA

LA ADMINISTRACIÓN FINANCIERA
DEL RESTAURANTE

La administración financiera se centra en las decisiones monetarias de las empresas y en sus herramientas de análisis.

Cuál es el fin de la empresa para el propietario

De acuerdo con Rodríguez Martínez, a nivel financiero, el fin último de la empresa restaurantera es la rentabilidad, es decir, la utilidad sobre la inversión o el capital invertido. Lo que se busca es el rendimiento sobre la inversión realizada, en un lapso determinado. En los casos de microempresas que no cuentan con activos cuantiosos, pues toman en alquiler el local en el que operan, su equipo y mobiliario son mínimos, puede hacerse este análisis considerando la rama superior (la utilidad) como equivalente a su más elemental expresión: ingresos menos egresos.

Establecer desde el punto de vista financiero cuál es el rubro que se debe enfocar, ayudará a concentrarse en un análisis para determinar las causas y seleccionar las acciones pertinentes. Pueden existir dos fuentes de desequilibrio en las finanzas de la empresa:

- **Utilidad insuficiente.** Tiene su origen en ingresos insuficientes originados por la falta de un precio adecuado o por volumen o egresos excesivos que pudieran ser críticos en costos variables, costos fijos o gastos financieros.
- **Inversión excesiva.** Se puede originar en el activo fijo o en el circulante.

Utilidades insuficientes: causas y acciones posibles

Elemento	Posibles causas	Posibles acciones
Precio insuficiente	• Competencia fuerte (mercado restaurantero saturado) • Regulaciones • Falta de análisis de costos (verificar el costo de recetas) • Mala calidad de los platillos • Inadecuado establecimiento de precios	• Diferenciar los productos • Realizar un análisis de costos • Agregar valor a los servicios • Aumentar los precios de los platillos
Volumen bajo	• Mercado potencial pequeño • Mala calidad de los platillos • Falta de promoción y publicidad • Mala atención al comensal • Gama limitada de platillos	• Conquistar nuevos mercados • Rediseñar el platillo o el servicio • Controlar los procesos para elevar la calidad de los platillos o el servicio • Lanzar una campaña de publicidad • Capacitar al personal para ofrecer una mejor atención • Ampliar gama de platillos o servicios
Costos variables elevados	• Elevado volumen de desperdicios o mermas • Ineficiencia en los procesos productivos • Compras e insumos a precios elevados • Improductividad laboral • Falta de control en gastos de operación (luz, gas, teléfono, comisiones a meseros…)	• Selección, capacitación y desarrollo humanos adecuados
Costos y gastos fijos elevados	• Nómina elevada • Rentas desproporcionadas • Depreciación elevada por alta inversión • Diversos contratos (mantenimiento, seguridad, limpieza…)	• Ajustar la estructura organizacional a las dimensiones reales del negocio • Buscar locales adecuados al tamaño del negocio • Reducir la inversión, sobre todo en cuentas por cobrar, inventarios y, si es posible, en activos

FUENTE: Mauricio Rodríguez Martínez, "El Método MR", en *Maximización de resultados para la pequeña empresa de servicios,* Grupo Editorial Norma, Colombia, 2005.

Para Rodríguez Martínez, este desequilibrio se origina muchas veces desde que el negocio se echa a andar, pues se realiza una inversión desproporcionada considerando el mercado que la empresa restaurantera puede atender. Cabe mencionar que los pasivos (deudas) disminuyen el capital invertido, o inversión; sin embargo, en el caso de que sean pasivos con costo, estarán afectando al renglón de las utilidades, ya que representarán gastos financieros. En el caso de pasivos sin costos elevados (proveedores), aunque en apariencia pueden ser financieramente positivos –ya que el dinero que se debe ayuda a financiar–, puede ser negativo operativamente hablando, ya que pudiera dañar las relaciones con nuestros proveedores, que deben de ser vistos como aliados del negocio y a los que hay que pagarles según los compromisos adquiridos.

Inversión elevada: causas y acciones posibles

Elemento	*Causas*	*Acciones*
Activo circulante excesivo	• Mala administración de los procesos de cobranza • Baja rotación de inventarios • Mala coordinación entre compras y ventas • Que el proveedor no surta insumos con regularidad	• Sistematizar y estandarizar el proceso de cobranza • Agilizar la respuesta de los procesos para disminuir la necesidad de inventario • Incrementar el capital para poder aumentar al volumen de operaciones • Buscar proveedores que puedan suplir a los actuales • Buscar algún platillo sucedáneo a los que normalmente vende el restaurante • Coordinar las funciones de compras y ventas

Inversión. (*Continuación*).

Elemento	Causas	Acciones
Activo fijo excesivo	• Falta de planeación • Mala evaluación del mercado restaurantero • Disminución en ventas • El hecho de que en la empresa el volumen de la producción real y el volumen a producir no coinciden siempre, siendo inferior siempre el último • Exceso de capital que motive a la empresa a invertir en activo fijo	• Evaluar el impacto de la inversión antes de invertir • Vender parte de los activos • Rentar en lugar de comprar • Impulsar las ventas • Hacer maquila (compra de postres ya elaborados a un tercero…)
Cuando la empresa no aprovecha la oportunidad del crédito que le pueden otorgar los proveedores o terceras personas a través de los contratos de préstamo en cualquiera de las alternativas a que tenga opción. Pasivo sin costo bajo. Si bien es deseable recibir financiamiento de nuestros proveedores, este rubro puede elevarse a causa de nuestra incapacidad para afrontar pagos. Temor a una descapitalización. Deficiente investigación sobre sus proveedores para aprovechar mejores oportunidades de crédito. Tener un solo proveedor para satisfacer sus necesidades y quedar sujeto a sus exigencias	• Falta de crédito de proveedores	• Solicitar crédito a todos nuestros proveedores • Analizar la solvencia y estabilidad para conocer hasta dónde puede endeudarse sin afectar el buen funcionamiento de la empresa • Estudiar diferentes medios de obtención de créditos para escoger el apropiado

Pasivo con costo excesivo. Si bien el pasivo con costo reduce la inversión de capital propio, es demasiado peligroso que este rubro se eleve, ya que se convertirá en gastos financieros	• Endeudamiento sin planeación financiera • Altas tasas de interés	• Pagar las deudas de manera anticipada • Renegociar con tasas más atractivas

FUENTE: Héctor Montiel Campos, *De la idea de negocio a la alerta empresarial*, Grupo Editorial Patria, México, 2009.

La administración financiera constituye una disciplina de carácter técnico y científico que permite desarrollar la habilidad de los dirigentes en el manejo de los negocios; mediante su aplicación, se refuerzan los objetivos empresariales. A ese efecto se requiere estimar los siguientes aspectos:

- Buscar las fuentes idóneas de financiamiento, acordes con los objetivos del restaurante.
- Planear la estrategia que va a seguirse en el manejo de dichas fuentes de financiamiento.
- Allegarse los fondos "suficientes" en las mejores condiciones posibles.
- Colocar dichos fondos en uso efectivo y distribuirlos de manera razonable.
- Aprovechar esos fondos.
- Incrementar las utilidades.

Por tanto, la administración financiera del restaurante conjunta los objetivos empresariales con un manejo efectivo de los componentes de la actividad mercantil, o sea la relación que existe entre las diferentes áreas (mercadotecnia, producción, finanzas y recursos humanos) y la influencia que ejerce el medio circundante (proveedores, clientes, acreedores, fisco, etc.) (fig. 2.1).

¿QUÉ ES LA ADMINISTRACIÓN FINANCIERA?

Los objetivos generales de cualquier empresa restaurantera suelen ser de tipo financiero y casi todas las decisiones empresariales tienen consecuencias financieras.

Hace tiempo, el conocimiento de la administración financiera quedaba reservado al departamento o persona encargada de tal labor, y los demás departamentos se limitaban a sus respectivas responsabilidades, sin importar los temas concernientes a las finanzas de la empresa.

Figura 2.1. La administración financiera involucra a diferentes áreas de la empresa.

Hoy día, en la restaurantería moderna las decisiones se toman de una forma más coordinada y la conexión interdepartamental resulta imprescindible. Por ello cualquier responsable de áreas ajenas debe tener conocimientos básicos en cuestiones financieras.

Administración financiera es todo lo relacionado con dinero, su tenencia, su movimiento, su administración, su inversión, etc. Todo lo relacionado con las finanzas recibe el calificativo de financiero. Por finanzas de la empresa puede entenderse los dineros de la empresa, la evolución de sus cuentas o sus relaciones con los distintos agentes e intermediarios financieros, siendo así este un tema antiquísimo, muy tratado y trabajado e imprescindible para un organismo.

La administración financiera es una fase de la administración general que tiene por objetivo maximizar el patrimonio de la empresa, mediante la obtención de recursos financieros por aportaciones de capital u obtención de créditos.

En el mundo de hoy, en que se mueven las empresas o instituciones por pequeñas que estas sean, se necesita conocer las bases de la contabilidad y las finanzas. Palabras como balance, cuenta de resultados, amortización, provisiones, ratios, etc., forman parte de la cultura empresarial de las personas que llevan a cabo una actividad de empresa. El conocimiento de estos estados financieros resulta de suma importancia para conocer en qué situación se encuentra la empresa y cómo debe planificarse su futuro.

Entre las funciones más importantes de la administración financiera se encuentran:

- Obtener fondos y recursos financieros.
- Manejar correctamente los fondos y recursos financieros.
- Destinarlos o aplicarlos de manera correcta a los sectores productivos.
- Administrar el capital de trabajo.
- Administrar las inversiones.
- Administrar los resultados.
- Presentar e interpretar la información financiera.
- Tomar decisiones acertadas.
- Maximizar utilidades.
- Dejar todo preparado para obtener más fondos y recursos financieros cuando es necesario.

La administración financiera es una rama de la administración general y es una técnica que, en el primero de los casos, se apoya en hechos históricos basados en la contabilidad y después los usa para plantearse diversos escenarios en proyección. En el segundo caso, actúa en la expresión de planificación del Estado; a través del presupuesto estatal analiza, interpreta y orienta en sus diversas fases: elaboración, discusión, ejecución, control y evaluación. La administración financiera debe actuar en forma mancomunada con las otras áreas de cualquier organización, y su injerencia, cuando de dinero se trata, es de carácter obligatorio, en virtud de que se trata de planificar, controlar y evaluar su desenvolvimiento.

La administración financiera, junto con otras áreas estratégicas de la organización debe coadyuvar a la elección de productos, su manufactura, comercialización y venta, crear los puntos en donde deben establecerse las estrategias de investigación, inversión, financiamiento, producción, incorporación y manejo de recursos estratégicos de personal, físicos y de hechos financieros. Procurar la obtención de fondos a bajo costo y de manera eficiente, es decir, la optimización del dinero, como recurso o energía cuyo costo de oportunidad y de racionalidad le convierte en un área de manejo estratégico.

Los administradores financieros se encuentran involucrados con estas decisiones y deben interactuar con ellas. En la empresa, las áreas consideradas como principales funciones financieras son:

- Análisis de los aspectos financieros de todas las decisiones.
- Cantidad de inversión que se requerirá para generar las ventas que la empresa espera realizar.
- Forma de obtener los fondos y proporcionar el financiamiento de los activos que requiere la empresa para elaborar los productos y servicios cuyas ventas generarán ingresos. Esta área representa las decisiones de financiamiento, o las decisiones de estructura de capital de la empresa.
- Análisis de las cuentas específicas e individuales del balance general.
- Análisis de las cuentas individuales del estado de resultados: ingresos y costos.
- Análisis de los flujos de efectivo en operación de todo tipo. Este aspecto ha recibido un impulso incremental en años recientes y ha dado lugar al surgimiento de un tercer estado financiero de naturaleza básica, el estado de flujos de efectivo, el cual puede deducirse a partir de los balances generales y de los estados de resultados.

De la mirada reciente a los clásicos como Ezra Slomón, quien ilustraba el problema interior en términos de cuáles son los activos específicos que debe comprar una empresa, qué volumen de los mismos debe mantener y cómo financiar las necesidades de capital, se ha pasado al ambiente de interactuación interna con las otras esferas y sistemas de la organización de igual importancia, con el fin de buscar el equilibrio que permita ser eficientes.

Las decisiones de financiamiento, búsqueda de fondos o recursos, obtención de dinero y otras tantas maneras de expresarlo, constituye el campo por excelencia del administrador financiero.

De estos conceptos puede resumirse que la administración financiera no es más que el conjunto de procesos, técnicas y procedimientos para la obtención de recursos financieros mediante los cuales debe influir un eficaz y racional uso de los mismos con el fin de garantizar una efectiva toma de decisiones.

TENDENCIAS Y ALCANCES DE LA ADMINISTRACIÓN FINANCIERA EN EL MUNDO DE HOY

El sistema de administración financiera en el mundo moderno se caracteriza por ser un conjunto de principios, normas, organización y procedimientos de presupuesto, tesorería, inversión, crédito público y contabilidad gubernamental, los cuales sistematizan la captación, asignación y empleo de los recursos públicos tendentes a lograr eficacia, eficiencia y economía en el uso de los mismos.

Este sistema, en el mundo de hoy tiene como objetivos:

- Establecer los mecanismos de coordinación de la administración financiera entre las entidades e instituciones del sector público, para implementar los criterios de economía, eficiencia y eficacia en la obtención y aplicación de los recursos públicos.
- Fijar la organización estructural y funcional de las actividades financieras en las entidades administrativas.
- Establecer procedimientos para generar, registrar y proporcionar información financiera útil, adecuada, oportuna y confiable, para la toma de decisiones y evaluación de la gestión de los responsables de cada una de las áreas administrativas.
- Establecer como responsabilidad propia de la dirección superior de cada entidad la implantación, mantenimiento, actualización y supervisión de los elementos competentes del sistema de administración financiera.

Como ya se mencionó, la administración financiera cuenta con un conjunto de subsistemas de presupuesto, tesorería, inversión, crédito público y contabilidad gubernamental. A continuación se relacionan las principales características de cada uno de estos subsistemas.

LAS 10 GRANDES INTERROGANTES DE LA ADMINISTRACIÓN FINANCIERA

¿De qué activos dispone? Los activos son las cosas que posee la empresa. Estar al tanto del equipo, mobiliario, inmuebles y demás posesiones de la empresa no tiene por qué ser complicado. Pero para hacerse una idea real del valor de la empresa restaurantera, también hay que estar al tanto de los cambios que se van produciendo con respecto a estos activos. Más de una pequeña empresa ha terminado abriendo su restaurante en un terreno que vale más aún que la empresa en sí. También hay que estar consciente de cómo van perdiendo valor activos tales como equipos informáticos y mobiliario de la oficina.

¿Cuáles son las obligaciones? Es algo muy evidente en apariencia: las obligaciones son lo que se debe. Pero lo que se debe no tiene siempre por qué ser tan obvio, como pagar la factura del alquiler de la oficina. Los impuestos sobre las nóminas son una obligación fácil de omitir en los cálculos mensuales o trimestrales, dependiendo de la cantidad de personas en nómina. Los préstamos también son una obligación, pero al rembolsarlo también habrá de saberse qué parte del pago va al principal del capital y cuál al interés.

¿Cuánto cuesta producir lo que se vende? Si se compran alimentos, producir platillos y revenderlos parece una cuestión relativamente fácil. La cosa se complica cuando hay que calcular todos los factores que intervienen en el proceso de fabricación del platillo, como la mano de obra.

¿Cuánto cuesta vender lo que se vende? Publicidad, estudios de mercadotecnia, mano de obra, almacenamiento y gastos generales; es importante saber cuánto cuesta sacar un plato al mercado y cuánto cuesta producirlo.

¿Cuál es el margen de beneficio bruto? Si el margen de beneficio bruto se mantiene constante o al alza, tal vez se esté ajustando de forma correcta los precios de modo que reflejen los cambios en lo que paga por lo que se vende o produce.

Poder detectar un margen decreciente significa ser consciente de la necesidad de ajustar los precios de venta o los costos. En el peor de los casos, por supuesto, puede quedarse sin beneficio bruto y sin margen de beneficio bruto. De llegar a ese punto, será como aquel que perdió dinero en todas sus ventas pero creyó que podía compensarlo con el volumen. No se acerque a ese límite.

¿Cuál es el coeficiente de deudas por activos? Este coeficiente puede permitir saber cuánto de lo que tiene la empresa es realmente propiedad de otra persona: su prestamista. Un aumento de este coeficiente puede ser mala señal; a lo mejor es resultado de una gran campaña de expansión, pero también podría estar indicando que las deudas empiezan a ahogarle.

¿Cuál es el valor de las cuentas por cobrar? Esta cifra corresponde al dinero que se le debe a la empresa. ¿Por qué es importante poder saber de cuánto se trata? Si las cuentas por cobrar son cada vez mayores, podría ser indicativo de que sus clientes están empezando a tener problemas. Esta situación se hace más evidente cuando las cuentas por cobrar, como el porcentaje de ventas totales, va en aumento.

¿Cuál es el promedio de tiempo de cobro de las cuentas por cobrar? Quizá este sea uno de los datos más molestos en momentos de escasez de efectivo, ya que releva el número de días que la empresa está haciendo de "banquero" para las personas que le deben dinero. Para calcularlo, deberá disponerse del promedio de ventas diarias y después dividir esta cifra entre el balance de las cuentas por cobrar.

¿Cuál es el valor de las cuentas por pagar? El lado opuesto de las cuentas por cobrar. Un aumento en las cuentas por pagar puede reflejar solo un nuevo sistema de pagos en el que estos se han retrasado ligeramente a propósito, o que se está comprando más que antes. Sin embargo, un aumento que no se ha programado ni administrado puede ser un aviso interno de que la solidez financiera de la empresa puede estar yendo en declive.

¿Cuál es la situación del inventario? En ocasiones, incluso en este mundo empresarial en el que muchas veces las decisiones hay que tomarlas justo en el momento, reunir un gran inventario puede ser positivo.

Si los precios de los artículos que se venden o utilizan en el proceso de producción son relativamente bajos, invertir parte del dinero en aumentar el inventario puede tener sentido. Poder saber cuál es el estado del inventario, así como cuánto tiempo tarda en venderse o reciclar, puede indicar si el negocio está creciendo o al contrario. Además, también puede calcularse cuánto dinero podría reservarse para hacer otros pagos o invertir en otra cosa; está en realidad atado a este activo no productivo.

LA GERENCIA FINANCIERA EN EL UNIVERSO ECONÓMICO

La gerencia financiera era entendida a comienzos del siglo xx como una simple administración de fondos para cubrir operaciones corrientes. Con la evolución de este concepto hoy día el objetivo de la gerencia financiera se ha convertido en la maximización del valor de las acciones del negocio.

En el universo económico actual el nuevo concepto ha penetrado en alto grado la coordinación de procesos actualizados de toma de decisiones en las gerencias de marketing, ingeniería, producción y finanzas. Los objetivos de la gerencia financiera se basan en los objetivos del restaurante como empresa, a saber:

- Maximizar el valor de las acciones para beneficio de sus propietarios.
- Satisfacción personal, bienestar de los trabajadores y la comunidad en general.

La oferta/demanda, la inflación y el crecimiento económico afectan el valor de las acciones.

OBJETIVOS DE LA GERENCIA FINANCIERA

Los objetivos de la gerencia financiera se basan en los objetivos de la gerencia general bajo las siguientes condiciones:

- El objetivo primario de la empresa es la maximización del valor de las acciones en pro del bienestar económico de los dueños. Este objetivo se traduce en la maximización de precio de las acciones comunes, lo cual es diferente de la maximización de la ganancia neta o ganancia por acción.
- Otros objetivos, como satisfacción personal, bienestar de los empleados y de la comunidad, también influyen en la consecución de los objetivos de la firma; no obstante, desde el punto de vista financiero este es menos relevante que la maximización del precio de las acciones.

CÓMO ESTABLECER UN SISTEMA DE INFORMACIÓN FINANCIERA EN EL RESTAURANTE

La administración financiera requiere un adecuado sistema de información, con objeto de tener a mano el material necesario, veraz y oportuno para la toma de decisiones que diariamente enfrenta el administrador restaurantero, como análisis de proveedores, fluctuaciones en los insumos, costos de la materia prima –directa e indirecta–, incremento en sueldos y salarios, gastos indirectos, compra del activo fijo, en fin, tantas transacciones que afectan las finanzas y conforman los datos actualizados del estado de la negociación. El establecimiento del sistema de información financiera requiere un amplio conocimiento, tanto del entorno empresarial de la organización (políticas financieras del país, políticas sectoriales, impuestos, etc.) como del aspecto interno que regula las relaciones interáreas, ya que estos no se conciben como núcleos aislados, sino como parte de un todo que es la empresa. Así, su esfuerzo conjunto debe orientarse al logro de sus objetivos particulares y, al mismo tiempo, del objetivo general.

En muchos casos, la persona que diseña un sistema de información desconoce el giro o la técnica administrativa necesaria para que las ganancias lleguen a manos de los empresarios. Los datos recabados deben constituir información útil para el gerente, administrador, dueño o accionista; representan la herramienta más poderosa que se maneja, ya que de su veracidad, oportunidad e interpretación dependen las decisiones que han de tomarse.

Los requerimientos de información van siendo mayores a medida que el negocio crece; en un restaurante pequeño, donde el propietario realiza la mayoría de las funciones, él mismo puede decidir en cualquier momento las acciones que han de seguirse. El comienzo suele ser difícil, existen el desconcierto y la confusión, ya que los objetivos empresariales pasan a segundo término debido a las acciones del momento. Con frecuencia el presupuesto de compras se incrementa, pues las de última hora superan en mucho a las originalmente planeadas. Además, no obstante el listado de actividades preliminares a la apertura, los planes y controles en general son primitivos y burdos, pero a medida que el negocio va creciendo, el dueño descubre la necesidad de resolver problemas en varias áreas al mismo tiempo: efectuar compras, atender a la clientela, supervisar al personal, acudir a oficinas de gobierno, etc. En ese momento advierte que su labor como administrador ha comenzado.

De acuerdo con Bocchino:

> Repentinamente, los problemas de autoridad y responsabilidad, comunicaciones y organizaciones comienzan a asumir proporciones considerables. ¿Dónde se inicia la zona de autoridad y responsabilidad de un hombre y dónde termina la del otro?
>
> ¿Quién reporta a quién? ¿Quién debe decirle a quién que haga qué? Se presenta en el horizonte todo el espectro de problemas de organización y comienza a tomar forma la necesidad de un sistema de información para la administración.[1]

Al diseñar una red eficiente de canales de comunicación quien implante la estructura básica del sistema debe, según el mismo autor, determinar lo siguiente:

- Qué datos se necesitan.
- Cuándo se requieren.
- Quién o quiénes los necesitan.
- Dónde son necesarios.
- De qué forma se necesitan.
- Cuánto cuestan.
- Seleccionar los datos para su procesamiento.
- Seleccionar los mecanismos para clasificar la información.
- Establecer un circuito de retroalimentación.
- Evaluar los mecanismos para el sistema de información.

Es conveniente tener en cuenta que no es lo mismo tratar de diseñar un sistema de información para un pequeño restaurante con un determinado número de operaciones al día, que un sistema para un establecimiento con mayor volumen y que, por tanto, requiere un mayor número de controles. Existe la idea de establecer una estructura modelo, rígida en los esquemas de información, pero un sistema que en determinado negocio ha dado resultados adecuados, con otro establecimiento puede resultar un fracaso. Cada

---

[1] William A. Bocchino, *Sistemas de información para la gerencia*, Trillas, México, 1982, p. 14.

entidad afronta problemas particulares y específicos, y cada una debe responder a sus propios objetivos en el tiempo establecido.

Sin embargo, hay ciertos parámetros que han respondido a la experiencia administrativa de los responsables de obtener la información deseada, y sus logros han sido evidentes. Bruce H. Axler[2] presenta un esquema que integra las áreas y funciones a partir de un centro de acción, representado por el área de mercadotecnia, sin ocupar una mayor jerarquía, pero sí como indicadora de las pautas que deben seguirse, pues producción se ajusta a sus requerimientos; recursos humanos contrata y capacita de acuerdo con las necesidades de mercadotecnia, y finanzas basa su técnica en el presupuesto de ventas (fig. 2.2). Este esquema, en mayor o menor escala, representa un circuito de flujo de información a partir de los objetivos del restaurante y de las necesidades del consumidor, destinadas a obtener resultados y la satisfacción del comensal. En el mismo, se retroalimenta la información para la toma de nuevas decisiones y se corrigen las acciones con el fin de lograr los objetivos del negocio y cubrir, con base en la demanda, las necesidades del consumidor.

Cuando es necesario estructurar un sistema de información para la administración de un restaurante, conviene recordar el método científico de solución de problemas que enuncia Bocchino para pensar de forma creativa y aplicar eficientemente las energías:

1. *Identificación del problema.* Disminución de la clientela; personal mal preparado; incremento en los costos; otros.
2. *Reunión de datos.* Cuantos más, mejor: ¿qué?, ¿dónde?, ¿cuándo?, ¿quién?, ¿cómo? ¿Se trata de hechos, opiniones, "corazonadas"?
3. *Listado de soluciones posibles.* Dejar volar la imaginación y escribir todas las posibilidades, aun las que parezcan absurdas; estimule sus pensamientos, teniendo en consideración:

   a) Nuevos usos.
   b) Adopción. ¿Qué otra cosa similar podría imitarse?
   c) Modificación. Un nuevo enfoque; cambio de color, forma, olor, sonido.
   d) Aumento. Adición de algún elemento: más tiempo, mayor frecuencia, más longitud, más resistencia, mayor altura.
   e) Disminución. Más pequeño: omitir, más ligero; subestimar, dividir.
   f) Sustituir. Qué otra cosa, qué sustituto, qué otro ingrediente, material o proceso; cambio de lugar.

[2] Bruce H. Axler, *Foodservice: A Managerial Approach*, The National Institute for The Foodservice Industry, 1979, p. 84.

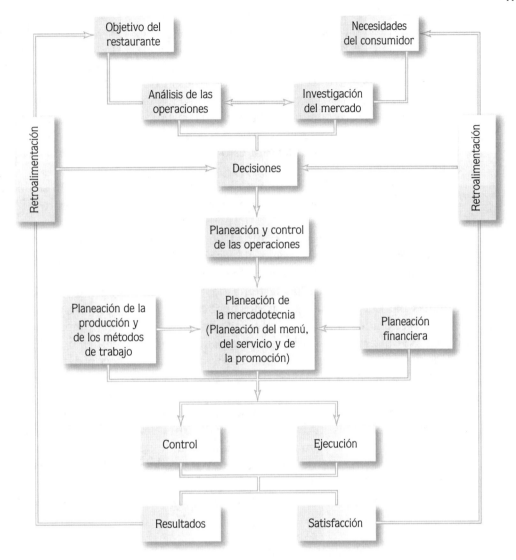

Figura 2.2. Esquema de Bruce H. Axler.

g) Reacomodo. Intercambio de los componentes; otros patrones.

h) Inversión. Positivo y negativo, lo de arriba, abajo; giro de las mesas.

i) Combinar. ¿Mezcla?, ¿combinación de unidades?, ¿ideas?

Luego de generar tantas ideas posibles, conviene probar objetivamente las soluciones, seleccionar la que se crea mejor y aplicarla.

Este proceso para la solución de problemas no da resultados si la información generada por medio del flujo que compone el sistema resulta distorsionada y falseada.

Cuando se ha logrado comprender la importancia del establecimiento de un sistema de información, se está en posibilidad de incursionar en el ámbito de los sistemas de información financiera (fig. 2.3). Para manejar este concepto es necesario remitirse a la definición de la palabra *sistema*: "Es el conjunto ordenado de cosas que contribuyen a un fin".[3]

Así las organizaciones, y por tanto, la restaurantería, deben conjuntar todos los elementos materiales, físicos, económicos y humanos para lograr el objetivo común preestablecido; esto es, los objetivos empresariales señalados.

Desde el punto de vista financiero, un sistema de información se define como: "Aquel que se instrumenta para dar noticia sobre los eventos financieros de un negocio".[4]

Al hablar de sistemas de información y de información financiera se integran los elementos materiales, físicos, económicos y humanos que componen un negocio y de los cuales debe tenerse conocimiento.

La implantación de un sistema de información financiera constituye ventajas para la administración del negocio, ya que al emplear datos ordinarios (generados por las operaciones normales del restaurante –facturas, nóminas, pólizas, etc.–), identifica, organiza y mide acciones pasadas para predecir acciones futuras; fusiona datos de producción con datos de mercadotecnia; satisface las necesidades de organización y reduce el tiempo y volumen de información requerida. Además, un adecuado sistema de información financiera elimina los problemas originados por datos incompletos y en su lugar suministra datos exactos y oportunos, es decir, la información necesaria y suficiente para una adecuada toma de decisiones. El sistema utiliza equipo y personal de forma eficaz para reducir costos y presentar la información a los responsables.

Un adecuado sistema de información financiera tiene las siguientes ventajas:

- Permite alcanzar los objetivos preestablecidos a corto, mediano y largo plazos.
- Facilita la posibilidad de toma de decisiones, sobre todo de carácter financiero.
- Utiliza la información como instrumento de control.

Los pasos para establecer un sistema de información financiera en un negocio se ilustran en la figura 2.4.[5]

---

[3] *Diccionario Ilustrado de la Lengua Española*, Sopena, España, 1984.
[4] Eduardo Franco Díaz, *Diccionario de Contabilidad*, Siglo Nuevo Editores, México, 1984.
[5] Arturo Elizondo López, *El proceso contable*, ECASA, México, 1987, p. 150.

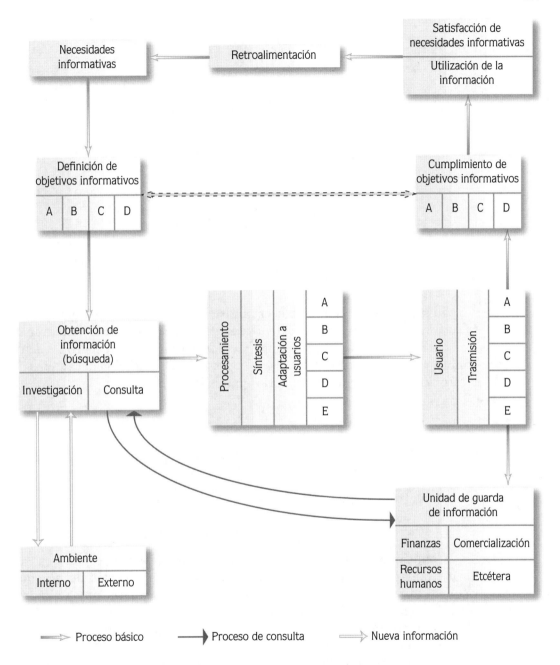

Figura 2.3. Esquema del sistema de información.

Figura 2.4. Sistema de información financiera.

Seleccionar el sistema

El primer paso para establecer un sistema de información financiera es seleccionarlo con base en las actividades desempeñadas por el restaurante, a efecto de determinar el procedimiento adecuado para el registro de datos conforme a las necesidades del negocio; por tanto, la selección del sistema de información financiera consta de dos partes (fig. 2.5):

Primera parte
Conocimiento de la empresa

Segunda parte
Selección del procedimiento para registrar los datos

Figura 2.5. Pasos para elegir el sistema de información financiera.

Conocimiento de la empresa. El conocimiento de la empresa es, sin lugar a dudas, un factor de suma importancia para la selección del sistema, ya que si se desconoce gran parte del giro, la información recibida no representa fielmente la retroalimentación deseada; por eso es necesario realizar un análisis profundo de lo que es el restaurante, incluso potencialmente. El conocimiento de la empresa implica el dominio de la actividad, marco legal, ejercicio contable, establecimiento de políticas; así como identificar recursos, fuentes y la elaboración del organigrama respectivo.

El *conocimiento de la actividad*, como afirma el maestro Elizondo, implica percatarse de su naturaleza, así como de sus características particulares; el giro o ramo de una entidad económica está determinado por la clase de mercancía o el tipo de servicio que ofrece de manera habitual. Este trabajo representa la actividad principal, pero hay otras operaciones de carácter secundario o de apoyo, como es el caso del mantenimiento, labores de contabilidad, de personal, etcétera.

El *marco legal* se determina al analizar el giro o actividad desempeñado y los ordenamientos que, directa o indirectamente, lo afectan, sean de carácter administrativo, laboral, sanitario, general o particular (específicos del giro), federal o local (municipios).

Cuando se habla del *ejercicio contable*, no solo se trata del referente al año calendario natural, sino de uno compuesto por 12 meses. En la restaurantería es fundamental revisar el periodo que compone el ejercicio contable, ya que de una u otra manera se trata de un giro de temporada. Su importancia estriba en la separación de costos y gastos de un ejercicio a otro.

Debe tenerse cuidado en el establecimiento de las *políticas de operación*, ya que estas representan "un modo particular de realizar las transacciones"; así, existen políticas de ventas, compras, fiscales, etc. No se trata de fijar normas de carácter rígido e inflexible, sino de efectuar una continua revisión y adaptación de las mismas para la consecución de los objetivos de la empresa.

Los *recursos y sus fuentes* requieren de un mayor conocimiento de la administración financiera, pues representan todo aquello con que cuenta el restaurante, y de su correcta aplicación y manejo depende, como se mencionó en un principio, el presente y futuro de la empresa. Saber de dónde provienen y cuál será su destino apropiado es un arte que requiere de la experiencia, intuición y conocimientos administrativos necesarios para llevar por buen rumbo al restaurante. Estos recursos son:

- Número de fondos de caja y su destino.
- Nombre de los bancos en que se han abierto cuentas de cheques.
- Tipo de valores en los que se ha invertido, así como el plazo de la inversión.
- Descripción de las mercancías objeto de la operación de la entidad.
- Nombre de los clientes a quienes se venderá a crédito, y plazo de recuperación.
- Tipo de documentos que se exigirá a los clientes y los deudores, cuando este sea el caso, así como el plazo de cobro.
- Nombre de los deudores y plazo para cobrarles.
- Identificación de gastos cuyo pago deba efectuarse por anticipado, así como el nombre de las entidades beneficiarias.
- Clasificación y descripción del activo permanente.
- Clasificación y descripción del activo diferido.

Respecto de las fuentes de los recursos, es necesario determinar:

- Nombre de los proveedores y, en su caso, forma de otorgar el crédito y plazo para el pago.
- Nombre de los acreedores y plazo para el pago.
- Identificación de gastos que habrán de pagarse con posterioridad a la fecha en la cual ocurrieron.
- Nombre de acreedores hipotecarios y plazo de redención de la hipoteca.
- Identificación de productos cuyo cobro deba efectuarse por anticipado, así como el nombre de las entidades obligadas a efectuar el pago.
- Nombre del propietario o accionista, indicando en este último caso el número de acciones aportado por cada uno y el importe unitario de las mismas.

Por último, dentro del conocimiento de la empresa, los *organigramas* –maestros o suplementarios– constituyen la carta de organización del núcleo restaurantero en el que pretende establecerse un sistema de información financiera; en ellos se plasman las funciones, jerarquías, dependencias, niveles y áreas que lo componen. El organigrama es la representación esquemática de la organización, por ejemplo:

- Niveles.
- Instructivo.
- Nombre del puesto: Gerente de contabilidad.
- Persona que lo ocupa.
- Objetivo: Obtener información financiera.
- Funciones:

  – Sistematizar los elementos que intervienen en la obtención de información financiera.
  – Valuar las transacciones celebradas por la entidad.
  – Procesar los datos relativos a las transacciones.
  – Evaluar el efecto de las transacciones sobre la situación financiera.
  – Informar acerca de la situación financiera y resultados de la entidad, acompañando de una opinión profesional y las recomendaciones pertinentes.
  – División a la que informa: Gerencia general. Departamentos bajo su responsabilidad.

Selección del procedimiento para procesar datos. En la parte correspondiente a la selección del procedimiento para procesar los datos, se ingresa a la parte técnica del establecimiento del sistema de información. Se opta por uno de los cuatro procedimientos de registro conocidos o bien, en algunos casos, se seleccionan dos de los señalados para crear un procedimiento de registro mixto. Esta fase constituye el segundo paso de la elección del sistema de información financiera. Los procedimientos conocidos son:

- Manual.
- Mecánico.
- Electromecánico.
- Electrónico.

En realidad, los procedimientos manual y mecánico son utilizados en todas las empresas, ya que, como sus nombres lo indican, manual implica llenar formas, reportes, estadísticas, resúmenes, comandas, notas de consumo, costeo de recetas, etc., y mecánico, el empleo de máquinas calculadoras, sumadoras, protectoras, etcétera.

En cuanto al procedimiento electromecánico, el procesamiento de las transacciones se realiza por medio de máquinas denominadas de registro unitario (clasificadoras, calculadoras).

El denominado procedimiento electrónico utiliza computadoras, la información financiera se obtiene por medio de impresiones o en pantallas. Este tipo se aplica en restaurantes que realizan un gran volumen de operaciones (fig. 2.6).

El procesamiento de grandes volúmenes de datos mediante el procedimiento electrónico tiene las siguientes características:

- Mayor velocidad.
- Mayor exactitud.
- Mayor costo.
- Requiere de personal especializado.

Para una selección adecuada del procedimiento de registro, el maestro Elizondo indica que deben ponderarse los siguientes factores:

- Magnitud de la entidad económica (restaurante).
- Volumen de operaciones.
- Necesidades de información.
- Costo de las máquinas.
- Posibilidades de capacitar y sostener al personal idóneo.

Por ejemplo, si se elige el procedimiento manual, este tendrá que contar con:

- Diario continental.
- Diario tabular.
- Sistema centralizador.
- Pólizas.

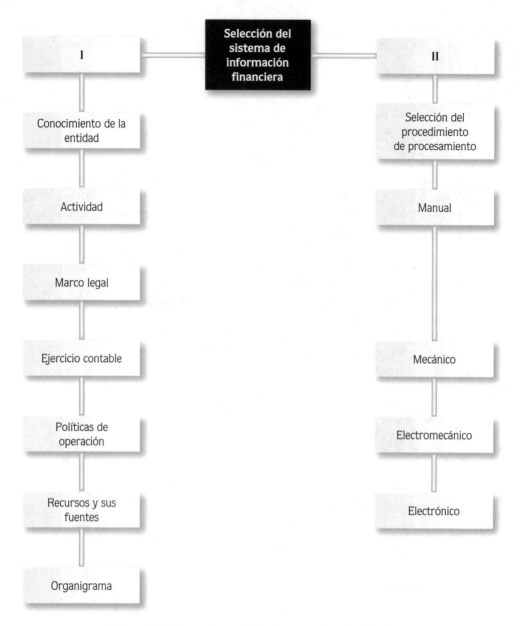

Figura 2.6. Elementos que intervienen en la selección de un sistema de información financiera, de acuerdo con Arturo Elizondo López.

Como puede apreciarse, este primer paso resulta vital para el desarrollo de todo el proceso hasta la implantación del sistema; por tanto, no debe dejarse ningún elemento al azar.

Diseño del sistema

Una vez obtenida la información relativa al conocimiento de la entidad y el procedimiento para registrar los datos, o sea la elección del sistema, arribamos a la parte eminentemente técnica, es decir, al diseño mismo del sistema. Los pasos que hay que seguir son los siguientes:

- Elaborar un catálogo de cuentas.
- Diseñar los documentos fuente.
- Elaborar diagramas de flujo de información.
- Estructurar una guía de procedimiento de las operaciones realizadas.
- Establecer cuáles serán los informes finales que deban recibirse.

A continuación se detallan los pasos requeridos para desarrollar el proceso del diseño del sistema de información financiera (fig. 2.7).

Figura 2.7. Proceso del diseño del sistema de información financiera.

Catálogo de cuentas. Consiste en un listado o enumeración pormenorizado y clasificado de los conceptos que integran el activo, pasivo, capital contable, ingresos y egresos de una entidad económica.

Documentos fuente o documento contabilizador. Es el instrumento físico de carácter administrativo que capta, comprueba, justifica y controla transacciones financieras efectuadas por la entidad económica, aportando los datos necesarios para su procesamiento en la contabilidad.

Diagrama de flujo. Es un esquema o dibujo que, por medio de figuras geométricas conectadas por flechas, indica la secuencia de una operación, o bien la trayectoria de un documento desde su origen hasta su destino.

Guía de procesamiento. También, llamada *guía de contabilización*, es un instructivo en el que se señala el procedimiento para registrar una operación a partir de su origen.

Al elaborar un catálogo de cuentas debe considerarse el giro del negocio y el potencial de sus operaciones, de modo que exista la posibilidad de incrementar las cuentas según las necesidades. Este listado debe complementarse con su instructivo de manejo de los conceptos de activo, pasivo, capital, resultados y cuentas de orden.

El registro contable de las operaciones y transacciones efectuadas por el restaurantero tiene origen en una serie de documentos, algunos de ellos sin importancia reconocida; es por esto que, al diseñar el sistema, la elaboración de *documentos fuente* requiere de un profundo conocimiento de la operación del negocio, ya que, como su nombre lo indica, un documento de esta naturaleza es el punto de partida de todo el flujo de información. Así, de la correcta utilización de formas, reportes, concentrados, etc., dependerá la interpretación de los estados financieros que permita una adecuada toma de decisiones.

Puede observarse que la secuencia de los pasos que se siguen en el diseño del sistema mantiene una lógica natural, pues a la elaboración del catálogo de cuentas y del diseño de los documentos fuente (previo estudio de su funcionalidad) sigue la formulación de los diagramas de flujo, y estos pueden ser de operaciones o documentos. Desde el punto de vista operativo, los diagramas de flujo son de gran utilidad, ya que expresan de forma gráfica la secuencia de las operaciones en la cocina, almacenes, comedor, etc., y, por la parte administrativa, el camino que seguirán los documentos utilizados en la rutina diaria del restaurante.

Los documentos fuente comprenden, entre otros:

- Reporte de evaluación.
- Opinión profesional.
- Recomendaciones.
- Presupuestos.
- Análisis de ventas.
- Cuadros estadísticos.

El siguiente paso hace necesario estructurar una guía de procesamiento de las operaciones contables generadas por las transacciones propias del negocio, indicando el número y nombre de cada operación, la periodicidad (frecuencia de la misma), los documentos fuente, los documentos conexos (en su caso), el nombre de la cuenta afectada en el catálogo, las contracuentas y afectaciones de cargo o abono; por ejemplo:

Operación número: 24.
Nombre de la operación: Registro de una venta.
Frecuencia: Diario.

Documento fuente: Nota de consumo.

Documento conexo: Informe de cajero, ficha de depósito bancaria, etcétera.

Cuenta afectada: Ventas.

Cotracuenta: Bancos.

Cada operación debe llevar en la guía de procesamiento contable un registro similar al indicado en el ejemplo. Desde luego, esta es una labor que realiza el área de contabilidad.

Por último, debe tenerse presente que es importante diseñar los informes finales que han de manejarse; es decir, los estados financieros (balance, estado de resultados, costo de producción, etc.), así como los informes de auditoría, investigación de mercados, etc. Cabe señalar la relevancia de distinguir entre los informes finales y los documentos fuente y no confundirlos, a efecto de no distorsionar la información.

Instalación del sistema

Una vez diseñado el sistema de información financiera se procede a instalarlo, fase que en términos generales no resulta fácil, pues debe contarse con la coordinación de todas y cada una de las áreas del negocio, así como con el convencimiento de los responsables de generar la información respecto de la importancia de su labor, en el sentido de depurarla antes de pasarse a los encargados de concentrarla, para que llegue ya filtrada a manos de quienes toman decisiones.

Para instalar el sistema se requiere:

- La aprobación del sistema diseñado.
- La adquisición de los recursos humanos y materiales.
- La capacitación del personal.
- El control del propio sistema mediante retroalimentación.

FALTA DE INFORMACIÓN FINANCIERA

Caso

Uno de los más claros ejemplos de la falta de información financiera lo constituye el caso de la taquería "Los Volcanes". Este negocio fue establecido hace apenas tres años; su propietario, Raúl García, aportó un capital de 200 mil pesos, parte del cual se invirtió en la compra de mobiliario, equipo de servicio, cocina y acondicionamiento del local. El resto se manejó en efectivo, el cual fue depositado en cuenta de cheques bancarios. Debido a la nobleza del giro, más que a su experiencia y habilidad administrativa, el negocio comenzó a generar utilidades sin que el mismo señor García supiera a cuánto ascendían mensualmente. Hasta hace unos meses, todo iba muy bien, 80 % de los empleados son parientes que disfrutan de sueldos de consideración y se ha adquirido equipo de transporte superior a los 800 mil pesos. Hace un mes, debido a sus planes de expansión, el señor García entabló pláticas con el arrendador del local donde se encuentra la taquería, con objeto de adquirirlo mediante la constitución de una hipoteca. Como consecuencia de esta operación, el Banco del Oeste, S. A. efectuó un análisis de la situación financiera de la empresa y encontró que, a pesar de ser un negocio muy lucrativo y de alta rentabilidad, se encontraba en manos de los acreedores y con una injustificada sobreinversión en activo fijo.

FORMATOS UTILIZADOS EN LA ADMINISTRACIÓN DEL SISTEMA DE NEGOCIOS

Nombre del formato	*Uso*	*Base de datos*
La planeación		
Presupuestos	Ubicación de los recursos económicos del restaurante/proyección de gastos de operación para un determinado periodo	El banco de datos de la empresa restaurantera difiere normalmente de las cifras pronosticadas Determinar las variaciones de lo real contra lo presupuestado
Pronóstico de gastos	Para comunicar por departamento la proyección de gastos y control de los mismos en un determinado periodo	Por día Por semana Por mes Por año Por departamento

Pronóstico de ventas
Balance proforma
Estado de resultados
  proforma
Flujo de efectivo
  proyectado
	Para proyectar la información financiera de acuerdo con las necesidades requeridas por los interesados en la misma:
	
	Por día
	Por semana
	Por mes
	Por producto	

Estimación de costos
Estimación de utilidades
Análisis del punto de
  equilibrio
Análisis sobre producir o
  comprar
	Para comparar la relación entre los costos, el volumen y precio de venta en relación con ciertas variables	

Costos y gastos		
Obtención del costo por receta	Determinar el costo por platillo producido	Obtener el costo de producción por platillo conformando la base de datos del restaurante Determinar el costo directo de producción de platillos: • Materia prima utilizada • Costo de los sueldos y salarios • Cargos indirectos que afectan el costo del platillo
Análisis de costos	Identificar y cuantificar individualmente los elementos del costo por platillo	La base de datos de costos reales difiere de los costos estándar: • Nombre del platillo • Tamaño de la porción • Cantidad de cada ingrediente utilizado en la receta estándar

(Continuación.)

Nombre del formato	Uso	Base de datos
		• Tiempo requerido para la elaboración de cada platillo • Costo indirecto aplicado a cada platillo
Registro de gastos departamentales	Informar a la Gerencia general el importe de los gastos	El registro contable difiere de las cifras reales
Efectivo Reporte de efectivo Reporte de ingresos	Para contabilizar la recepción de efectivo derivada de la operación del restaurante Por periodo Por departamento Por estación Por producto Control del efectivo	
Registro de *vouchers* Registro de pagos de los principales clientes del restaurante	Llevar control del efectivo generado por este concepto Para mantener un control de ventas en efectivo por tipo de clientela	Control de cobros derivados por tarjetas de crédito y su relación con el número de cheque o comanda Cantidad de cheques que se cobran con *vouchers* Registro del nombre del cliente, día y cantidad de la transacción, domicilio y teléfono del comensal para relaciones públicas
Activo fijo Nombre e importe del activo fijo del restaurante	Para llevar un registro del capital invertido por el negocio restaurantero en este rubro	Incluyendo valor histórico original de la compra del activo fijo Fecha de compra

Cédula de la depreciación	Cálculo de la depreciación tanto fiscal como contable de acuerdo con el método seleccionado para el efecto y requerimiento por el fisco	Determinar la pérdida de valor del activo fijo
Seguros		
Reporte de seguros contratados contra incendio, robo, terremoto, etcétera	Mantener una adecuada administración de riesgos	Artículos y activos protegidos por el aseguramiento, política de cobertura, agente de seguros, etcétera
Contabilidad y finanzas		
Catálogo de cuentas Instructivo al catálogo Guía contabilizadora	Para mantener un registro de cada operación realizada por el restaurante	Listado de activos, pasivos, resultados Descripción de la operación Operaciones de cargo y abono Documentos fuente Periodicidad de cada operación
Nóminas	Control de documentos derivados del pago de nómina (Seguro Social, sindicato, Infonavit, etc.)	Relación de empleados Rotación de personal Encuesta de salida Perfil de contratación, etc.
Otros reportes financieros	Información adicional requerida	Toma de decisiones
Mercado financiero		
Balance general	Para concentrar el estado financiero del restaurante al principio y al final del ejercicio	Fecha de elaboración Activos circulantes por categoría Activos fijos por categoría Activos diferidos Otros activos Pasivos por categoría Capital del restaurante Reservas de capital

(Continuación.)

Nombre del formato	Uso	Base de datos
Estado de resultados	Para presentar los resultados de la operación del restaurante y la distribución del peso restaurantero	Detalle de la secuencia del estado de resultados hasta la utilidad neta del ejercicio/ISR y PTU
Estado de cambios en la situación financiera	Conocer los cambios en la situación financiera del restaurante	Balance comparativo entre dos periodos
Estado de variaciones al capital	Determinar los cambios en el capital contable	Partidas que generan aumentos al capital de la empresa restaurantera

CUESTIONARIO DE CONTROL

1. ¿Qué ventajas representa para la dirección de un establecimiento restaurantero implantar un sistema de información financiera?

_____

_____

_____

_____

2. ¿Qué aspectos deben investigarse para conocer la naturaleza y características de una entidad restaurantera?

_____

_____

_____

_____

3. ¿Es diferente el marco legal de un restaurante en la capital del país del de una entidad del mismo giro ubicada en la provincia?, ¿y el de un comercio respecto al restaurante?

4. Elabore un listado de 10 actividades realizadas en un establecimiento restaurantero.

5. Investigue seis ordenamientos legales de aplicación general y cinco de aplicación particular al gremio restaurantero.

6. Elabore una relación de informes que a su criterio puedan resultar de utilidad a la gerencia de alimentos y bebidas.

7. ¿Con qué otro nombre se conoce a la guía de procesamiento contable? Elabore una que considere seis operaciones típicas del negocio de alimentos y bebidas.

8. En su opinión, ¿es necesaria la elaboración de organigramas en la restaurantería? Elabore uno relacionado con cadenas restauranteras.

_____

_____

_____

_____

_____

9. ¿Qué tipo de información financiera adicional puede interesar a quienes toman decisiones en un establecimiento restaurantero?

_____

_____

_____

_____

10. ¿Qué puede provocar en las finanzas de un establecimiento de alimentos y bebidas la falta de información financiera?

_____

_____

_____

_____

_____

CAPÍTULO 3

LAS ZONAS NEURÁLGICAS

EFECTIVIDAD

Cuando se hojea la sección de anuncios clasificados de los diarios locales, es común encontrar avisos como el siguiente:

AAA. Por no poder atender, vendo pequeño restaurante, magnífica ubicación, precio a tratar. Informes Sr…

El fondo de tal oferta plantea varias interrogantes cuyas respuestas indicarán si en realidad se trata de un mal negocio o de un mal administrador.

Por ejemplo, se informa que se vende la negociación *por no poder atender*: Esto sugiere que: ¿el actual propietario inició tal empresa con la idea de abandonarla?, ¿que su atención la ocupa otro negocio quizá más importante?, ¿tal vez contrató un administrador o encargado para que lo atendiera y renunció?, en tal caso, ¿cuánto tiempo permaneció en su empleo y por qué renunció?

Si se trata de un *pequeño restaurante*: ¿el propietario no pudo consolidarlo?, ¿no tuvo la paciencia necesaria para expresar sus objetivos y con ello crecer?, ¿sabe acaso que los negocios también llegan a una etapa de madurez después de lograr sobrevivir, ganar estabilidad y desarrollar orgullo de empresa?

Respecto a la idea de *magnífica ubicación*: ¿conocerá el significado de tal concepto?, ¿comprenderá que todos los restaurantes, excluyendo los más caros, deben quedar a solo unos minutos del foco de su clientela?, ¿habrá investigado que la mayoría de la clientela que come fuera de casa solo cuenta con 30 minutos o una hora antes de volver a sus trabajos?, ¿sabrá que los restaurantes de comida rápida tienen mayor éxito si están ubicados en una calle principal, en un importante centro comercial o en un área de departamentos?, ¿se encuentra quizá en una zona restaurantera?, ¿habrá fijado sus precios en función de la ubicación?

Como atractivo adicional ofrece un *precio a tratar*: ¿habrá recuperado ya su inversión?, ¿las ventas no son lo que esperaba?, ¿los costos y gastos serán mayores a sus ingresos?, ¿obtiene utilidades?; si es así, ¿no considera razonable el porcentaje de utilidad?, ¿tendrá problemas de abasto, laborales o con el fisco?, y por último, ¿tendrá conciencia de que realizar una inversión en un restaurante es una decisión arriesgada que requiere de una importante planeación?

De una simple oferta expresada en unas cuantas palabras se infiere que el ser propietario de una empresa restaurantera requiere mucho más que un espíritu aventurero empresarial.

Como dice Remigio Jasso, el dueño o encargado de un restaurante debe saber del negocio culinario, es decir, ganar dinero a través del conocimiento y el gusto de la preparación de alimentos, y no buscar beneficio económico, como puede pensar un "chavo de la onda, con dinero", que inicia un negocio de alimentos.

Los pequeños y medianos restauranteros requieren saber cómo organizarse para desempeñar mejor sus tareas, necesitan de asesoría para diferenciar lo importante de lo que solo hace perder el tiempo; distinguir lo que es potencialmente efectivo de lo que es solo frustración; resolver el problema de la escasez de personal y la elevada rotación del mismo; contratar el recurso humano con capacidad para dirigir y administrar; asimilar el impacto de la automatización y la computación, y estar abiertos a los nuevos enfoques de la administración y organización.

Las cadenas de servicio de alimentos, los grandes grupos restauranteros y los estudiosos en la materia han logrado avances respecto de la efectividad en el arte del negocio gastronómico, sus experiencias e investigaciones han mostrado que sus estrategias deben servir como lineamientos de acción a la microempresa que engloba bisoños restauranteros que se aventuran en este tipo de negocios; es obvio que no son recetas de cocina que deban seguirse al pie de la letra, sino se trata de guías de acción a las que cada pequeño propietario debe agregar su estilo personal de administración. Peter Drucker comenta:

> No se trata de presentar una fórmula mágica para la efectividad en el manejo de las empresas, lo importante es trabajar muy duro, con muchas exigencias y corriendo muchos riesgos; hasta ahora nadie ha inventado una máquina que sirva para ahorrar trabajo, y mucho menos una que permita ahorrar el trabajo de pensar, sin embargo, sí afirmo que ya sabemos cómo organizar el trabajo para manejar una empresa con eficacia económica y cómo lograrlo, tanto en lo que se refiere a las metas como a los resultados.[1]

[1] Peter F. Drucker, *La efectividad en el manejo de las empresas*, Hermes, México, 1986.

INTERÉS EN LAS DIFERENTES
FASES DE UN NEGOCIO

En general, las personas que están interesadas en una empresa desean conocer las respuestas a preguntas como las siguientes:

Solvencia:

- ¿La situación crediticia de la empresa es favorable?
- ¿Está capacitada para pagar su pasivo a corto plazo en el curso normal de sus operaciones?
- ¿Los vencimientos de sus obligaciones a corto plazo están convenientemente espaciados?
- ¿Vende y cobra antes del vencimiento de sus obligaciones?
- ¿Tiene suficiente capital de trabajo?

El crédito se adquiere por el continuo cumplimiento de las obligaciones pecuniarias.

Estabilidad:

- Su estructura financiera: capital contable y pasivo, ¿es proporcional?
- ¿Hay exceso de inversión en clientes, inventarios y activo fijo?
- La estructura financiera, ¿está desequilibrada debido al exceso de su pasivo a largo plazo?
- ¿Tiene suficiente activo total?
- El capital invertido y las utilidades retenidas, ¿han sido empleados en forma apropiada?
- ¿Es satisfactoria su situación financiera?
- ¿Ha mejorado dicha situación?
- ¿La empresa está progresando o decayendo?

Resultados:

- ¿Es eficaz su técnica de producción y apropiada su política de mercados?
- ¿Qué volumen de producción necesita para que el importe de sus ingresos sea igual a la suma de sus costos fijos y variables, y por tanto no obtenga ni utilidad ni pérdida?
- ¿Qué utilidad máxima puede obtenerse operando el negocio a su capacidad práctica?
- ¿Está obteniendo una utilidad razonable sobre el capital total?

Entorno exterior:

- ¿Cómo le afecta la inflación?
- ¿Se ve afectada adversamente por la depresión de los negocios?
- ¿Cómo le afecta la legislación y el control gubernamental?
- ¿Cómo le afecta el régimen fiscal y cómo es posible que le afecten las reformas?
- ¿Cómo le afecta la legislación del trabajo y cómo es posible que le afecten las reformas a la misma?
- ¿Es afectada por los controles de precios?
- ¿Las operaciones a que se dedica están muy competidas y existe la posibilidad de que esta continúe con la misma intensidad?[2]

Tabla 3.1. Distribución del peso en la industria restaurantera. (Destino de los ingresos.)

Costo de la mercancía vendida	Porcentaje
Comidas	33.7
Gastos de operación	
Salarios	15.0
Reparto de utilidades a trabajadores	1.4
Mantenimiento del local	2.7
Depreciación del equipo y del local	1.7
Lavandería y limpieza	1.9
Accesorios	1.6
Teléfonos	1.3
Mantelería, menús y papel	2.0
Otros gastos del restaurante	2.5
Luz, agua y gas	3.7
Promoción y publicidad	2.3
Impuestos y derechos	10.1
Otros gastos de operación	3.8
Gastos de administración	5.0
Gastos financieros	2.5
Utilidad neta	8.9
Total	100.0

FUENTE: Investigación realizada por el Patronato de Estudios Económicos y Sociales de la Industria Restaurantera, A. C.

[2] Roberto Macías Pineda, *Análisis e interpretación de estados financieros*, ECASA, México, 1991.

Uno de los aspectos que mayores problemas provoca a la administración de los pequeños y medianos restaurantes es el referente a la distribución del peso restaurantero, es decir, cómo aplicar o gastar el importe que genera cada venta.

En la tabla 3.1 se presentan los porcentajes de distribución, con frecuencia aceptados en el gremio, con la salvedad de que estos varían en función del tipo de restaurante.

Es necesario que, así como se analiza la distribución del peso en la industria restaurantera, se tome en cuenta con detalle la ubicación del restaurante, inversión inicial y tiempo de recuperación, tipo de operación del negocio (franquicia, sociedad anónima, etc.), punto de equilibrio, análisis del menú, costeo adecuado de los alimentos y bebidas, personal, análisis de las ventas e impuestos (fig. 3.1).

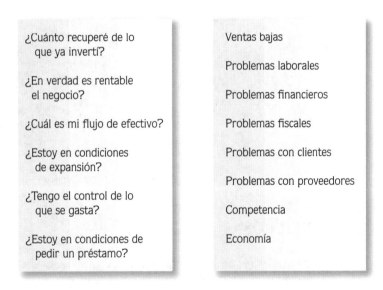

Figura 3.1. Problemática.

LIQUIDEZ Y SOLVENCIA

En la industria restaurantera, como en la mayoría de los negocios, se preparan periódicamente estados financieros que proporcionan la información requerida para una administración efectiva (fig. 3.2); sin embargo, solo muestran cifras de carácter objetivo y deben complementarse con el estudio, análisis e interpretación de lo expresado en ellos. Esto implica que quien tome decisiones de carácter administrativo financiero, además de experiencia, habilidad e instrucción, necesita de técnicas, como el uso de ciertas fórmulas aritméticas. Estas son en general sencillas, pero exige que los resultados obtenidos de su aplicación sean interpretados y manejados adecuadamente, para ser utilizados de tal manera que se constituyan en herramientas idóneas para la planeación y control de la actividad empresarial. Sin importar el resultado numérico, el propietario y el analista de los estados financieros requieren del conocimiento de la actividad económica en general, del aspecto legal y las características del giro sujeto a análisis en este caso.

Figura 3.2. Estados financieros.

ESTADOS FINANCIEROS

Presentan el resumen de las transacciones económicas de un negocio para determinar su situación financiera, resultados periódicos y cambios en su posición financiera. Las cifras contenidas en los estados financieros se expresan en términos monetarios.

La hoja de trabajo es una herramienta útil en la elaboración de los estados financieros, ya que:

- Permite la clasificación de las partidas deudoras y acreedoras.
- Demuestra la igualdad de la suma de los débitos con la suma de los créditos a través del balance de comprobación.
- Facilita la clasificación y ajuste de las cuentas que componen los estados financieros para la confección del balance general, estado de ganancias y pérdidas, así como otros estados financieros auxiliares.

El estado de pérdidas y ganancias o estado de resultados demuestra la ganancia o pérdida razonable de una firma para un periodo económico determinado mediante la comparación de sus ingresos con sus costos y/o gastos. Así:

$$\text{Ingresos} - \text{costos y/o gastos} = \text{utilidad neta}$$

El balance general o estado de situación exhibe la situación financiera de la firma a una fecha determinada y se corresponde con la ecuación del patrimonio. Así:

$$\text{Activo} = \text{pasivo} + \text{capital}$$

Formas de presentación y publicación de los estados financieros

Las normas generales de presentación son:

- Claridad y veracidad de la información.
- La información presentada debe evitar errores de interpretación.
- Utilizar la terminología técnica financiera más apropiada para facilitar su comprensión.
- Las notas a los estados financieros y paréntesis deben emplearse para una mejor comprensión de interpretación de los estados financieros (las notas y paréntesis son aclaratorios e informativos).

El balance general y el estado de ganancias y pérdidas deben incluir notas por cambios en procedimientos contables, notas sobre la existencia de arrendamientos a largo plazo y notas sobre la existencia de obligaciones imprevistas.

Las formas de presentación del balance general son:

- *Forma horizontal* o *de cuenta*, se caracteriza por ser ampliamente detallado.
- *Forma vertical* o *de reporte*, se caracteriza por ser más abreviado mediante rubros resumidos.

A su vez, las formas de presentación del estado de ganancias y pérdidas pueden ser:

- *Forma de etapa única*: destaca los ingresos del periodo, costos y gastos totales y la utilidad neta del periodo.

- *Forma de etapas intermedias*: destaca niveles de utilidad bruta, utilidad neta operativa y la utilidad neta del año.

La restaurantería considera la temporalidad: gustos del consumismo, su poder de compra y la cantidad de ingresos disponibles para comer "fuera de casa"; la competencia: incremento en insumos, en gastos indirectos e incluso evaluar la situación política y social del mercado al que se atiende. Al margen de las técnicas de análisis y de su correcta aplicación, la capacidad de análisis subjetivo es de vital importancia, pues representa un activo más que no solo se expresa con números, pero que en todos los negocios significa la diferencia entre el éxito y el fracaso.

Al efectuar un análisis más profundo de sus operaciones financieras, muchos de los negocios que en un principio parecen sanos, resultan con graves deficiencias de fondo que a futuro representan posibilidades de quiebra. Un restaurante con una inversión superior a sus necesidades en equipo de cocina, servicio, loza o cristalería, o con un inventario mayor a su producción y venta, se encuentra en dificultades financieras, ya que el dinero invertido de más en estos bienes se está distrayendo de otras partidas en las cuales podría ser más productivo. La prioridad en un negocio debe ser la liquidez con que cuenta, o sea, su capacidad para hacer frente a las obligaciones a corto plazo mediante la conversión de sus activos circulantes en dinero; esto significa que para el negocio restaurantero, como para la mayoría de los negocios, mantener una cierta cantidad de dinero disponible para el pago de sus deudas más que un objetivo representa un reto.

La liquidez se define como la posibilidad de efectivo en caja y en bancos, y se refiere al hecho de poder cubrir con prontitud y sin apremio las deudas contraídas; desde luego, en momentos críticos como los actuales, movilizarse dentro del mercado de dinero requiere una mayor habilidad financiera y administrativa del empresario moderno. Para ello es necesario conocer ciertas técnicas de carácter financiero que auxilien en el manejo del efectivo.

En época de bonanza, los indicadores establecían una relación de dos pesos de dinero en efectivo por cada peso de deuda; dada la situación económica actual, los financieros experimentados han aceptado la relación de uno contra uno; esto es, un peso en efectivo por cada peso de deuda. El razonamiento planteaba que, por cada dos pesos disponibles en efectivo, se pagaba uno y aún quedaba un sobrante por la misma cantidad; ahora las exigencias han disminuido y en general se acepta que basta con tener un peso en efectivo disponible para cubrir deudas por igual cantidad.

A la par de la problemática de la prioridad por mantener la liquidez surge el problema de la solvencia, es decir, la capacidad para pagar las deudas. A diferencia de la liquidez, definida como la disponibilidad de dinero para el pago inmediato de las obligaciones, la solvencia representa el respaldo financiero para contraer deudas; por ejemplo, el estudiante de cierta ciudad provincial que acude a la universidad de la capital del país mantiene liquidez en el momento de recibir la mensualidad que sus padres le envían periódicamente; sin embargo, cuando gasta el último centavo, a pesar de carecer en ese momento de liquidez, mantiene la solvencia necesaria (respaldo de sus padres) para contraer ciertas deudas.

La solvencia se determina financieramente mediante el cálculo del capital de trabajo; es decir, el excedente que queda después de haber hecho frente al pago de las obligaciones contraídas. Gonzalo Fernández Armas[3] lo define como "la diferencia entre el activo corriente y el pasivo corriente"; además, es necesario tener un exceso de los activos circulantes, de modo que permita atender las deudas corrientes en el desenvolvimiento normal de las operaciones.

Al capital de trabajo se le conoce también como fondo operativo o capital en circulación. En la tabla 3.2 se presenta un estado de posición financiera (balance), en el que se incluyen datos que permiten obtener tanto la liquidez como la solvencia.

Si la liquidez está definida por el efectivo disponible en caja y en bancos para hacer frente a las obligaciones a corto plazo, entonces la liquidez de este restaurante se determinaría como sigue:

Tabla 3.2. Balance que permite obtener liquidez y solvencia.

Restaurantes Modernos, S. A.

Balance general al 31 de diciembre de 20 _____ .*

Disponibilidades		**Obligaciones**	
Circulante		*Circulante*	
Efectivo en caja	$ 150 000	Proveedores	$ 280 000
Efectivo en bancos	200 000	Documentos por pagar	100 000
Almacén de alimentos	300 000	Suma	380 000
Almacén de bebidas	250 000		
Cuentas por cobrar	100 000	Capital	620 000
Suma de las disponibilidades	$1 000 000	Suma de las obligaciones y el capital	$1 000 000

*En este caso, como en los subsiguientes, las cifras solo tienen un carácter ejemplificativo. (*N. del E.*)

[3] Gonzalo Fernández Armas, *Estados financieros. Análisis e interpretación*, UTEHA, México, 1977, p. 98.

Efectivo en caja y bancos, propiedad del restaurante $ 150 000
Efectivo depositado en el banco   200 000
Suma total de efectivo $ 350 000
Suma de las obligaciones a corto plazo circulantes   380 000

La relación que existe entre las disponibilidades en efectivo y las obligaciones a corto plazo sería:

$$\frac{350\,000}{300\,000} = \$\,0.92$$

Lo anterior significa que se tienen 92 centavos en efectivo por cada peso de deuda; en consecuencia, esta empresa no tiene liquidez, ya que aun cuando pague todas sus deudas con el efectivo disponible, quedarían 8 centavos pendientes de liquidar.

La solvencia de este negocio se determinaría como se describe a continuación:

Efectivo en caja $ 150 000
Efectivo en bancos   200 000
Inversión en almacenes   550 000
Suma $ 900 000
Total de obligaciones a corto plazo o circulantes $ 380 000

Como se ha establecido, la solvencia es el sobrante que queda después de cubrir las obligaciones a corto plazo; por tanto, se trata de una resta:

$$\begin{array}{r} \$\,900\,000 \\ -\,380\,000 \\ \hline \$\,520\,000 \end{array}$$

De este modo, el restaurante manifiesta una solvencia de 520 000 pesos, representada por una solvencia de capital de trabajo por la misma cantidad, o sea que después de cubrir sus deudas aún quedarían 520 000 pesos para seguir trabajando.

Recomendaciones para el control interno del efectivo

Las cobranzas diarias deben ser depositadas en el banco, intactas y sin demora. Quien realice los depósitos en el banco debe ser alguien distinto del cajero o el encargado de cuentas por cobrar, y alguien distinto del empleado que efectúa los depósitos debe cotejar y archivar los duplicados de las fichas de depósito.

Los avisos de cargo del banco (como cheques sin fondos) deben ser entregados diariamente a un empleado responsable, distinto del cajero, para su investigación.

Es necesario que las funciones del cajero estén del todo separadas de las de registro de documentos y cuentas por cobrar. Por su parte, el mayor general será llevado por un empleado ajeno al departamento de caja.

Las rutinas de la oficina deben arreglarse de tal manera que el cajero no tenga acceso a las cuentas por cobrar y los estados de cuenta mensuales.

Todos los otros fondos y valores (es decir, aquellos distintos de cobranzas y fondos fijos) estarán bajo la responsabilidad de una persona distinta del cajero. Si este también tiene dichos fondos, es preciso enumerarlos por separado.

Las rentas, intereses y otros ingresos similares deberán controlarse de tal modo que su no recepción sea advertida e investigada.

El cajero es responsable de las cobranzas desde el momento que se reciben en su departamento hasta su envío al banco.

Deben emplearse resguardos físicos y equipos adecuados para proteger el efectivo y las operaciones de caja y también utilizar el sistema de fondo fijo.

La responsabilidad por cada fondo debe recaer en una sola persona. Desde luego, el custodio es independiente del cajero y otros empleados que manejan pagos efectuados por clientes y otros ingresos.

El monto del fondo debe ser reducido, de manera que requiere rembolsos periódicos en lapsos relativamente breves.

Es necesario que haya un monto máximo para cada pago efectuado con el fondo; si lo hay, debe indicarse por separado.

Quienes reciben los pagos firmarán los comprobantes en todos los casos de desembolsos. Se requiere una adecuada aprobación para efectuar adelantos o préstamos al personal.

Debe evitarse el cambio de cheques personales; si no es así, debe señalarse si tales cheques serán depositados en el banco o incluidos como comprobantes en el rembolso del fondo.

Los comprobantes y documentación correspondientes serán cotejados por un empleado responsable en el momento del rembolso del fondo, quien verificará el saldo no utilizado del mismo.

Los importes de los comprobantes se anotan tanto en letras como en números. No debe realizarse el refrendo de cheques en blanco, y tampoco refrendar los cheques con anticipación.

Las firmas autorizadas se restringen a funcionarios o empleados que no tengan acceso a los registros de contabilidad o al efectivo, y debe prohibirse la práctica de expedir cheques a nombre de la compañía o al portador. Si no es así, esos cheques se limitarán a pagos de sueldos y rembolsos de cajas chicas.

Los estados de cuenta mensuales de los bancos, así como los avisos de cargo y crédito debe recibirlos directamente el departamento de contabilidad.

Por otro lado, las cuentas bancarias deben conciliarse de forma independiente por alguien distinto de los empleados que llevan los registros de ingresos y egresos y controlar la secuencia numérica de los cheques.

El empleado que concilia las cuentas bancarias debe:

- Investigar las partidas de conciliación con una antigüedad mayor de dos meses.
- Comprobar con la documentación correspondiente los cargos y créditos del banco no originados por depósitos o cheques expedidos.

Para impedir que vuelvan a usarse, los comprobantes deben marcarse o inutilizarse. Alguna parte del fondo estará representada por efectivo depositado en bancos y los cheques expedidos contra esta cuenta deben ser firmados solo por el custodio del fondo.

Los cheques para rembolso se expiden a la orden del custodio del fondo.

Es necesario hacer arqueos sorpresivos, a intervalos razonables, por un auditor interno u otro empleado independiente del custodio.

Describir la operación del fondo si el mismo está representado en parte por una cuenta bancaria. Por ejemplo: si en un fondo fijo se depositan todos los rembolsos en el banco y en poder del custodio queda un pequeño saldo en efectivo, el cual es rembolsado del saldo bancario cuando se agota, o si transfiere los fondos de caja a bancos y viceversa, a su entera discreción.

Todos los desembolsos se harán con cheque, excepto los de caja chica. Desde luego, todos deben estar foliados.

Los cheques anulados se cancelan o mutilan de modo apropiado y se archivan para su posterior inspección. Es necesario que los cheques sean refrendados con firmas mancomunadas.

Los comprobantes y otros documentos con los cheques sometidos a firma deben presentarse conjuntamente.

Antes de proceder al refrendo, los encargados de hacerlo deben verificar todos los datos que contengan.

INVENTARIOS

Los inventarios constituyen el renglón de mayor jerarquía en la restaurantería y cualquier tipo de negocio, sea este de carácter comercial o industrial, ya que la mercancía es el motor que moviliza la maquinaria, y su adecuado manejo repercute hasta el más recóndito lugar de la empresa. García Cantú manifiesta:

El control de los inventarios implica la participación activa de varios segmentos de la organización, como ventas, finanzas, compras, producción y contabilidad. Su resultado final tiene gran trascendencia en la posición financiera y competitiva, puesto que afecta directamente al servicio, a la clientela, a los costos, a las utilidades y a la liquidez del capital de trabajo.[4]

Los inventarios de mercancía representan el mayor porcentaje de los activos disponibles propiedad de la negociación y son los recursos necesarios para atender la demanda de los comensales; como se advierte, están muy ligados con la función de compras, almacenamiento, control de calidad y fabricación. Los objetivos de su control podrían resumirse como sigue:

- Tener el mínimo de inversión en mercancías.
- Mantener el nivel de existencias, de manera que las operaciones de producción no sufran demoras por faltantes.
- Mantener el nivel de existencias de acuerdo con la demanda de los clientes para dar un servicio oportuno.
- Descubrir a tiempo los materiales, productos o materia prima que no tienen movimiento, los que se han deteriorado o los que son obsoletos.
- Establecer una buena custodia en los almacenes para evitar fugas, despilfarros o maltrato por descuido o negligencia.
- Estar alerta ante cambios en las demandas del mercado.

Por un mejor control y organización de las mercancías almacenadas, así como de los implementos necesarios para aseo y mantenimiento, es necesario dividir, tanto contable como físicamente, el manejo de los almacenes de la siguiente manera:

- Almacén de alimentos.
- Almacén de bebidas.
- Almacén de suministros generales.

Gran parte del éxito del restaurante depende del control de los almacenes, ya que la función de compras y de control de inventarios debe ser desempeñada por personas especialmente capacitadas para ello. En este renglón, la preocupación fundamental es alcanzar un nivel en que la mercancía no afecte la administración del efectivo y efectúe una rotación sana, constante y elevada; es decir, evitar mantener estáticos los inventarios, ya que a mayor rotación, mayor será el nivel de ventas. El análisis correspon-

[4] Alfonso García Cantú, *Enfoques prácticos para planeación y control de inventarios*, Trillas, México, 1981, p. 12.

diente al renglón de inventarios podría sujetarse, entre otros, a la siguiente fórmula:

$$\text{Rotación de inventarios} = \frac{\text{Importe de las ventas}}{\text{Importe de las existencias en mercancía}}$$

Aplicando la fórmula anterior se obtendrán los datos de la tabla 3.3.

Según los datos obtenidos de los dos estados financieros, las ventas y la existencia en inventarios de mercancía arrojan un resultado de 1.77 que representa las veces que ha rotado la mercancía; así, una rotación de 1.77 veces significa, para el restaurante, haber recuperado su inversión casi dos veces.

Tabla 3.3

Provincial Restaurantera, S. A.

Estado de resultados del 1 al 31 de diciembre de 20 _____ .

Venta de alimentos		$ 850 000
Venta de bebidas		750 000
Ventas totales		$ 1 600 000
Menos costos		
De alimentos	$ 420 000	
De bebidas	300 000	720 000
Utilidad bruta		$ 880 000

Provincial Restaurantera, S. A.

Balance general al día 31 de diciembre de 20 _____ .

Activo		Pasivo	
Disponible		*A corto plazo*	
Efectivo en caja y bancos	$ 105 000	Proveedores	$ 205 000
Almacén de alimentos	400 000	Suma	205 000
Almacén de bebidas	500 000		100 000
Almacén de suministros	200 000	Capital	
Suma de las			
disponibilidades	$ 1 205 000	Sumas iguales	$ 1 205 000
Importe de las ventas	$ 1 600 000		
Importe de las existencias	= 1.77		
en mercancías	$ 900 000		

El problema en cuanto a la cuantificación de los inventarios puede ser tan grande o tan pequeño como la gama de productos que se elaboren en el restaurante. No siempre una gama de productos extensa implica problemas grandes, lo que sí complica la operación de nuestro negocio es una gran gama de productos dentro de la materia prima, es decir, si vendemos pizzas, pero también vendemos sushi, tortas, tacos, arracheras, helados, tostadas y comida internacional, entonces se enfrenta una diversificación excesiva que obliga a tener un inventario demasiado alto. Sin el efectivo control de los inventarios dentro de un restaurante, las fortalezas propias del giro (alta rentabilidad y liquidez) se convierten de manera automática en debilidades.[5]

Un sistema adecuado para el control de inventarios es el llamado ABC. El sistema ABC del control de inventarios se basa en el supuesto de que se tienen productos "A", que componen al menos 70 % del valor total en dinero de la materia prima; productos "B", que componen 20 % del valor de nuestro inventario, y productos "C", que son 10 % restante. Este sistema incluye varias etapas.

1. Antes de cualquier clasificación es recomendable llevar a cabo un inventario físico total, junto con el listado de precios de los productos que componen el inventario.

2. Después, resultará de mucha utilidad el "unitizar" todos los productos en el almacén; por ejemplo, si utilizamos frijol, no sería recomendable surtirlo a cocina proporcionándole el costal completo sin antes ser pesado y embolsado en paquetes. Es decir, que cada carga de la olla exprés puede recibir y hacer 2 kilogramos de frijol, de modo que cada unidad sería igual a cada bolsa de 2 kilogramos, en lugar de cuantificarla por saco o solo por kilogramo.

3. Se lleva entonces a cabo la clasificación ABC. Como ejemplo se puede tener el caso de una coctelería, que tendría la siguiente composición:

Producto	Porcentaje
Camarón gigante U13	25
Pulpo	20
Caracol	12
Pimienta	0.2
Jitomate	6
Cebolla	6
Café molido	0.4
Cilantro	0.4
Refrescos	15
Cervezas	15
Suma	**100**

[5] ‹http://www.mailxmail.com/curso/empresa/controlartuinventario/capitulo2.htm›.

Los productos que más valor tienen asignado en su inventario son los mariscos y bebidas, que son también su producto principal.

La clasificación ABC sería entonces la siguiente:

Producto	Porcentaje	Clasificación
Camarón gigante U13	25	A
Pulpo	20	A
Caracol	12	A
Pimienta	0.2	C
Jitomate	6	B
Cebolla	6	B
Café molido	0.4	C
Cilantro	0.4	C
Refrescos	15	A
Cervezas	15	A
Suma	**100**	

Con base en lo anterior, se puede decir que los productos A (mariscos y bebidas) son los que mayor utilidad dan a la empresa y, por tanto, deben ser los que deben cuidarse y controlarse más.

Estos principios se aplican no solo para el ramo restaurantero, sino también para cualquier empresa comercial. Por tanto, se requiere de un registro que cubra al menos todos los productos que se identifiquen como tipos A y B, que son los que merecen mayor resguardo, pero también mayor cuidado y atención en cuanto a la calidad que presentan.

Los productos C pueden controlarse empíricamente, o si se desea mediante hoja de cálculo; sin embargo, no es obligatorio un control estricto sobre ellos, pues esto aporta poco valor a la empresa y sus utilidades, y puede en cambio incrementar sus gastos operativos al aumentar el tiempo que el personal encargado ocupe en realizar dicha labor.

4. Después de clasificar los productos en ABC, debe procederse a clasificarlos por origen, es decir: ¿se compran en el mercado?, ¿el proveedor los surte directamente al almacén?, ¿los envían por paquetería o entrega terciada?

La clasificación sería como sigue:

Producto	Proveedor	Origen
Camarón gigante U15	Pescadería "El Anzuelo"	Se adquiere en su local
Pulpo	Pescadería "El Anzuelo"	Se adquiere en su local
Caracol	Pescadería "El Anzuelo"	Se adquiere en su local
Refrescos	Coca Cola	Los surten a domicilio
Cervezas	Grupo Modelo	Las surten a domicilio
Jitomate	Mercado "Hidalgo"	Se compra en el mercado
Cebolla	Mercado "Hidalgo"	Se compra en el mercado

5. Una vez clasificado el inventario por tipo y por origen, se elabora un listado de control como el ejemplo de la tabla 3.4.

Tabla 3.4. Relación de entradas
y salidas del almacén.

Producto	Presentación	Cant.	Precio unitario $	Código	Importe $
Proveedor	**Pescadería "El Anzuelo"**	**Inicial**			
Camarón gigante U15	Marqueta de 2.2 kg	10.00	380		3800
Pulpo	Kilogramo	10.00	60		600
Caracol	Kilogramo	10.00	40		400
			-		-
			-		-
Proveedor	**Coca Cola**				
Coca Cola	Reja de 24 botellas	5.00	108		540
Coca Cola Light	Reja de 24 botellas	5.00	108		540
Manzana lift	Reja de 24 botellas	5.00	108		540
Sprite	Reja de 24 botellas	5.00	108		540
Delaware	"Plancha" de 20 latas	5.00	108		540
			-		-
Proveedor	**Grupo Modelo**				
Corona	Cartón de 24 botellas	5.00	168		840
Victoria	Cartón de 24 botellas	5.00	192		960
Negra Modelo	Cartón de 24 botellas	5.00	192		960
			-		-
Proveedor	**Mercado "Hidalgo"**				
Jitomate	Kilogramo	8.00	30		240
Cebolla	Kilogramo	8.00	30		240

6. Una vez realizado el inventario inicial, se registran, también en la hoja de cálculo, los consumos diarios de las unidades de productos, como "entradas" y "salidas", en el día que sucedan (tabla 3.5).

Este listado de control servirá en primera instancia para controlar los consumos diarios y semanales, así como para elaborar un listado de compras que incluya el monto de dinero que se va a gastar.

Mediante el control de inventarios se eliminan los tiempos muertos y para el conteo físico siempre puede utilizarse al personal operativo, de modo que sea más rápido. El objetivo es que el empresario siempre cuente con información valiosa para un mejor control de sus costos y su flujo de efectivo.

Exceso de inventario

Como el empresario por lo general se concentra en tener altos niveles de inventario para asegurar su venta, muchas veces se incurre en exceso de materia prima para la venta, lo que trae como consecuencia principal el aumento de la merma y la disminución de la calidad en perecederos, lo que redunda en una menor calidad de los productos que se ofrecen.

El tener exceso de inventarios provoca mayor descontrol de los mismos y una disminución paulatina de la liquidez; es decir, para mantener un alto nivel de mercancía la empresa restaurantera debe contratar créditos con proveedores, y la recuperación del efectivo va sirviendo para pagar dichos créditos y gastos fijos de la empresa con dificultad, provocando que se viva "al día". Esta situación se acentúa más cuando la empresa maneja créditos para sus clientes, ya que entra en juego también la recuperación de cartera, que en general siempre es problemática.

Insuficiencia de inventario

Su propio nombre lo indica: sin el inventario suficiente para vender, no solo se perderá la venta, sino también se puede perder al cliente. El negar platillos demerita sobremanera la concepción que el comensal tiene del restaurante. El no contar con ciertos platillos provoca que el consumidor asista a otro establecimiento, ya que la competencia es cada vez más agresiva.

Tabla 3.5. Entradas y salidas de productos.

Producto	Presentación	Cant.	Precio unitario $	Código	Importe $											
Proveedor	**Pescadería "El Anzuelo"**	**Inicial**														
Camarón gigante U15	Marqueta de 2.2 kg	10.00	380		3800											
Pulpo	Kilogramo	10.00	60		600											
Caracol	Kilogramo	10.00	40		400											
			-		-											
Proveedor	**Coca Cola**															
Coca Cola	Reja de 24 botellas	5.00	108		540											
Coca Cola light	Reja de 24 botellas	5.00	108		540											
Manzana lift	Reja de 24 botellas	5.00	108		540											
Sprite	Reja de 24 botellas	5.00	108		540											
Delaware	"Plancha" de 20 latas	5.00	108		540											
					-											
Proveedor	**Grupo Modelo**															
Corona	Cartón de 24 botellas	5.00	168		840											
Victoria	Cartón de 24 botellas	5.00	192		960											
Negra Modelo	Cartón de 24 botellas	5.00	192		960											
					-											
Proveedor	**Mercado "Hidalgo"**															
Jitomate	Kilogramo	8.00	30		240											
Cebolla	Kilogramo	8.00	30		240											

Recomendaciones para el control interno de inventarios

Debe existir un departamento de compras, el cual operará de manera independiente al departamento de contabilidad y los departamentos de recepción y embarque.

Las compras solo se harán con base en requisiciones firmadas por los jefes de los departamentos solicitantes. Todas las compras (excepto las de pequeño monto, pagadas con fondos fijos de caja) se tramitan a través del departamento de compras, y serán realizadas por medio de órdenes de compra del cliente, enviadas a los proveedores.

Todas las formas de órdenes de compra estarán foliadas.

Para adquirir ciertos bienes, se requerirá de la realización de un concurso de precios y/o solicitudes de cotización. Los procedimientos correspondientes indicarán el resultado de la revisión de las ofertas recibidas.

Los precios de compra serán aprobados por un funcionario del departamento de compras o por algún otro funcionario responsable.

La cantidad y calidad de las mercancías recibidas será determinada al momento de su recepción por alguna persona o sección independiente del departamento de compras.

El departamento de recepción no tendrá acceso a las copias de órdenes de compra para autorizar la aceptación de materiales.

Baja calidad de la materia prima dada su caducidad

A pesar de que una receta y la sazón del cocinero sean excelentes, el comensal siempre se dará cuenta si un producto excede sus expectativas por ser un producto del día y por tanto fresco.

Existen opiniones encontradas al respecto de comprar por volumen o comprar la materia prima conforme se vaya necesitando. La experiencia ha demostrado que dadas las circunstancias de cercanía y conveniencia es mejor no comprar alimentos perecederos por volumen, sino hacer que el proveedor entregue sus productos en pequeñas remesas o comprarlo y escogerlo de manera personal, esto permitirá contar siempre con alimentos de óptima calidad y la preferencia del cliente. La calidad de los alimentos, así como del servicio ofrecido, justificará los precios.

Por un lado, la compra por volumen abre la posibilidad de obtener mejores precios en nuestros productos. En sí, lo recomendable es comprar por volumen los productos con caducidad mayor a cinco días. Los más frescos, como carne, pollo, cerdo, pescados, mariscos y verduras de poca duración en refrigerador deben comprarse diariamente, dependiendo de la necesidad de la empresa y de la motivación del empresario para llevar a cabo todas las acciones tendentes a ofrecer productos de la máxima calidad.

Robo

Por desgracia, es usual que sean los mismos empleados (o aun los clientes) quienes lleven a cabo el robo hormiga, otro factor que lleva al aumento de costos por falta de control de inventarios.

Mermas

La merma en materia prima de alimentos constituye otro factor que aumenta bastante los costos de ventas. Existen autores que consideran que una merma aceptable va desde 2 hasta 30 % del valor del inventario. La realidad es que la única merma aceptable es de 0 %, aunque se trate de una utopía conseguirlo, el objetivo siempre debe estar orientado hacia el estándar más alto y no ser indulgentes con la obtención de nuestras utilidades.

Control de mermas

Debe establecerse un control de todas las mermas que haya por departamento en el formato correspondiente, anotando el motivo de la misma. Cada semana se llevará a cabo la revisión de las mermas con el jefe de departamento, firmando la revisión (formato) y siendo verificada por la gerencia.

Las mermas generadas por el mal manejo de mercancía o mal uso de productos deberán ser registradas en un reporte de incidencias para tomar las decisiones pertinentes en cada caso.

Las mermas producidas por circunstancias propias del producto ajenas a la operación se registrarán en un reporte de incidencias y se notificará al proveedor, tratando de llegar a un acuerdo para el cambio físico de dicha mercancía.

Se elabora un listado de mermas con el costo de cada producto, el cual será revisado cada semana con la gerencia para tomar las decisiones pertinentes.

Cualquier tipo de merma producida por errores del personal debe resolverse en el momento.

Desorden

Es un hecho que el desorden en bodega, almacenes de alimentos o el área de trabajo provoca graves pérdidas al restaurante. Se puede desconocer que se tienen existencias en el almacén y comprar de más, o solo no encontrar materia prima que se necesita o perder su vida útil.

Control

Un simple candado puede ser la diferencia entre utilidades o pérdidas. Debe destinarse un área específica para guardar las mercancías y materia prima que vamos a utilizar.

El acceso a bodega debe ser restringido a una o dos personas como máximo, y solo debe entrar más personal cuando sea necesario llevar a cabo inventarios físicos.

Mariscos, carnes, aves, refrescos, cervezas y cualquier material de alto costo deben guardarse bajo llave si no se van a utilizar en el día, así como también si se encuentran en congelación.

Existen negocios en los que se ha implementado el uso de cámaras, vigilantes, costosos sistemas de cómputo, etc. El mejor control sin lugar a dudas es aquel que llamaremos "democrático": el costo del material faltante se reparte entre las personas que tengan acceso al área de bodega y/o preparaciones, resultando ser casi todo el personal. Pero esto no puede llevarse a cabo si no se tiene conocimiento de si en realidad falta o no materia prima, es decir, sin registros de control.

Es casi obligado que exista una persona encargada de supervisar que la materia prima en el almacén se encuentre en las condiciones óptimas para poder ofrecerla al público. Esa persona debe verificar la nota o factura de ventas contra el pedido hecho y revisar la calidad de los perecederos de acuerdo con la tabla de control de la calidad de materia prima.

El responsable puede ser el jefe de cocina o bien el empresario mismo. No es recomendable dejar que esta labor sea desempeñada por personal administrativo, ya que no tendría el mismo nivel de compromiso.

Como un factor de control del platillo una vez terminado, es necesario que tanto el jefe de cocina como sus auxiliares prueben la preparación en porciones mínimas, para asegurar que cumpla con el estándar de calidad que se busca ofrecer al cliente. Esta práctica, si bien aumenta marginalmente el costo de producción, es un gran apoyo en la capacitación de los ayudantes de cocina y elimina las devoluciones de platillos casi en su totalidad.

Sin duda el acomodo de las mercancías dará la pauta para un mejor control de las mercancías, facilitando su conteo y localización inmediata.

El método PEPS (primeras entradas primeras salidas) facilita el control, no solo visto desde el punto de vista de método de valuación de inventarios, sino como acomodo de los alimentos como materia prima disminuye los costos al minimizar mermas y coadyuva a mantener la calidad.

Acomodo sugerido por tipo de producto

En la figura 3.3 se muestran algunas consideraciones para la disposición física. No se indica una entrada y una salida de mercancía de la bodega. Claro que esto dependerá de la configuración física del negocio; sin embargo, la opción de tener un solo acceso facilita el control.

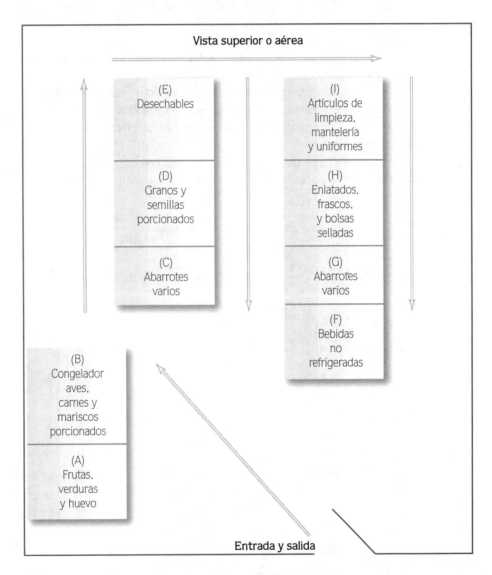

Figura 3.3. Ejemplo del acomodo de anaqueles en una bodega de alimentos y bebidas.

En primer lugar se colocan frutas, verduras y huevo, que de ser posible deben ser refrigerados para alargar su vida útil.

Enseguida se encuentra el congelador, cuyo contenido ha sido fraccionado y empaquetado previamente en el área de preparación al recibir la mercancía, en unidades fáciles de contar (maquetas, contenedores, "carteras", etc.).

Los artículos de uso más común se ubican cerca de la entrada, así como aquellos de menor duración en almacenamiento.

Los productos químicos (artículos de limpieza) se almacenan en un extremo, solo junto a productos que no se contaminen con facilidad (productos enlatados, en frasco o con empaque sellado).

No deben incluirse bebidas refrigeradas, ya que en teoría estas se colocan junto al área de servicio.

Visto de frente, un anaquel tendría más o menos la disposición de la figura 3.4, en la que se puede apreciar el establecimiento de "coordenadas" para localizar con mayor facilidad los productos almacenados. Para mayor claridad se ilustra en la figura 3.5.

En el ejemplo de la figura 3.5 se observa que en el anaquel C, espacio 1 (C1 de manera abreviada) se encuentra un producto desechable voluminoso

	Anaquel A	Anaquel B	Anaquel C
Espacio 1	Productos voluminosos de poco peso		
Espacio 2	Productos de poco peso y poco volumen		
Espacio 3	Productos de uso común, volumen y peso moderados		
Espacio 4	Productos de gran volumen y peso		
Espacio 5	Productos de poco volumen, peso indistinto (no alimentos)		

Figura 3.4. Anaquel.

	Anaquel A	Anaquel B	Anaquel C
Espacio 1	Harinas, Maizena, etc.		Hamburgueseros
Espacio 2	Panes y tortillas	Pimienta, ajo en polvo, condimentos varios	Vasos térmicos
Espacio 3	Lácteos que no requieren refrigeración	Frijol, leguminosas en general	Servilletas y tapetes desechables
Espacio 4	Sal en bolsa, azúcar, canderel, jarabes y endulzantes	Arroz, ajonjolí y otros cereales	Cubiertos desechables
Espacio 5	Vacío	Vacío	Desechables poco voluminosos

Figura 3.5. Las coordenadas facilitan la localización de los productos.

pero de muy poco peso, que en caso de caer no dañará al trabajador ni se dañará el producto en sí.

También se ilustra que en los espacios A5 y B5 no hay productos, ya que son anaqueles de alimentos. Esto no significa que no puedan utilizarse estos espacios para almacenamiento, aunque por higiene estos no deberán ser perecederos que puedan ser consumidos por animales rastreros.

Con las coordenadas establecidas se pueden localizar y contar los productos mediante listas de manera bastante sencilla. Dichas listas pueden servir al supervisor o gerente para verificar que lo que existe en papel se encuentra efectivamente dentro de la bodega.

La laboriosidad que conlleva este método de control resulta más un beneficio que una tarea inútil, ya que ayuda de manera efectiva a terminar con tiempos muertos del personal.

El acomodo PEPS (primeras entradas primeras salidas) es bastante simple: aquellos productos que entran en bodega en primer lugar, serán también los primeros en salir de la misma, recorriéndose los productos más viejos hacia el frente del anaquel y los más nuevos se ubicarán en la parte superior. Con esto se asegura aún más frescura de los productos que se expenderán.

Control de caducidades

Las caducidades deben revisarse desde el momento que se reciba la mercancía. Debe consultarse con el proveedor el modo de leer su fecha de fabricación y caducidad, esto es en casos específicos, como la cerveza, refresco y algunos otros productos.

Debe establecerse un control de caducidades mediante un formato, el cual será revisado cada semana por el encargado de almacén y verificado por la gerencia.

La mercancía con caducidad más próxima es la primera a la que se le dará salida y será dada de baja en el control de caducidades una vez que se haya transferido a algún departamento. No debe recibirse por ningún motivo mercancía de baja fecha de caducidad y se realizará un reporte de incidencia al proveedor y se avisará a la gerencia, chef o jefe de piso.

Debe implantarse un control de caducidades de las demás áreas, cuidando que se lleve por semana y de forma selectiva para verificar que todo esté en orden.

El acomodo de la mercancía perecedera debe ser conforme a su fecha de caducidad, los productos más a la mano serán los que tengan la caducidad más próxima, para el momento de hacer transferencias dar la mercancía con la menor fecha de caducidad.

Procedimiento de almacén

1. Una vez recibida la mercancía se procederá a colocarla en el lugar asignado para ella en el almacén.
2. Se ingresará en el sistema toda la mercancía recibida en el almacén.
3. Se revisará constantemente el acomodo de la mercancía para prevenir accidentes y deterioro del producto.
4. Cada semana se hará un conteo selectivo de mercancía para verificar que todo esté en orden (checar la mercancía que más se utiliza).
5. Se hará un inventario físico semanal del almacén cotejándolo con el que existe en el sistema.
6. Se revisarán cada semana las caducidades de los productos, dándole prioridad y salida a los de más cercana caducidad.
7. Se harán conteos diarios de la mercancía más costosa para llevar un control específico (ítems o productos hijos).
8. Las salidas de almacén a los diferentes departamentos se deberán realizar mediante el formato correspondiente, firmado por el encargado de almacén y por la persona que realiza el pedido de mercancías.

9. Toda salida de mercancía hacia los demás departamentos deberá ser registrada en el sistema, dándole la salida de almacén y la entrada en el departamento al que se haya hecho la transferencia.

Recomendaciones para el control del departamento de recepción

Este departamento debe preparar los informes foliados de recepción. Las copias deben ser:

- Archivadas permanentemente en el departamento de recepción.
- Remitidas al departamento de contabilidad.
- Proporcionadas al departamento de compras.

Debe notificarse de inmediato al departamento de contabilidad sobre las mercancías devueltas a los proveedores.

Los informes de recepción no conciliados con órdenes de compra y otro documento equivalente serán periódicamente revisados e investigados para su registro correspondiente.

Las compras devueltas a los proveedores se manejan a través del departamento de embarque.

Las facturas de los proveedores se registran inmediatamente después de recibidas, y se enviarán en primer término al departamento de compras para su verificación acompañándolas de las órdenes de compra y los informes de recepción (en cuanto a calidad y cantidad).

En caso de no ser así, los puntos señalados deberán controlarse por el departamento de contabilidad.

Es necesario seguir un sistema adecuado de registro y verificación de las entregas parciales aplicables a una sola orden de compra.

Debe haber un empleado determinado encargado de la distribución de las facturas (de acuerdo con las políticas contables establecidas) a las cuentas del mayor general. Las aplicaciones así determinadas se verificarán periódicamente. Asimismo, establecer un control adecuado para asegurar que las mercancías compradas para entregar directamente a clientes (sin pasar por los almacenes) sean facturadas.

Las compras realizadas por empleados siguen el trámite ordinario en los departamentos de recepción, compras y contabilidad.

Todas las compras (mercancías, materiales, servicios y gastos) se contabilizan en un registro de compras o registro de comprobantes y no directamente como egresos de caja.

Si algunas compras o gastos se registran originalmente en los registros de egresos de caja, deben existir los comprobantes archivados de los mismos.

Recomendaciones para el control físico de la recepción

Los encargados de los almacenes son los responsables del control de materias primas, partes compradas y materiales diversos.

Los encargados de almacenes tienen la obligación de informar al departamento de contabilidad de todas las entradas por medio de informes de recepción.

Las salidas se harán solo por medio de requisiciones u órdenes de embarque autorizadas.

Se deben practicar inventarios físicos al final del ejercicio y de forma regular durante el ejercicio.

Estos inventarios serán practicados o supervisados por empleados distintos de los almacenistas u otros empleados responsables de la custodia de los artículos sujetos a recuento.

Los siguientes inventarios se hallarán bajo un estricto control de registro:

- Mercancías enviadas en consignación.
- Materiales en poder de proveedores.
- Materiales o mercancías en almacenes de depósito y otros almacenes fuera de la compañía.
- Envases recuperables, tarimas, etcétera.

Las mercancías que no sean de su propiedad (consignaciones recibidas, etc.) estarán físicamente separadas y bajo un efectivo control de registro.

En relación con la determinación de los valores de los inventarios, las hojas en las que consta la evaluación del inventario deben ser verificadas dos veces respecto a:

- Unidad y cantidades.
- Precios de costo.
- Precios de mercado.
- Multiplicaciones, sumas y resúmenes.

Un funcionario o un empleado designado al efecto revisará el exceso de existencias, los artículos de movimiento lento u obsoleto, etcétera.

Se mantendrá un control razonable de la papelería y otros artículos que sean cargados directamente a gastos.

Los desperdicios, materiales recuperados y otros inventarios "sin valor" estarán bajo un control de registro que asegure una apropiada contabilización de la venta o reutilización de tales artículos.

Procedimiento de recepción

1. La recepción de mercancía se hará de ser posible por la parte posterior del negocio.
2. Se recibirá a los proveedores conforme vayan llegando, uno a la vez, no habrá favoritismos, salvo en el caso de necesidad extrema de cierta mercancía.
3. La recepción de la mercancía debe ser minuciosa, es decir, revisar que las cajas estén cerradas, checar que la mercancía venga en óptimas condiciones, verificar el peso de la mercancía que lo requiera, checar caducidades, etcétera.
4. En caso de que el proveedor entregue mercancía de menos o en condiciones no óptimas para el negocio se avisará a la gerencia y se devolverán esos productos; además, se levantará un acta de incidencia si así se requiere.
5. Revisar facturas de mercancías recibidas para cotejar que lo que se recibe físicamente es lo que expresa la factura, y en caso de haber un error, tachar y corregir en el documento la cantidad errónea.
6. La revisión de facturas se hará en el momento de recibir la mercancía (o de acuerdo con la política interna de la empresa), circulando las cantidades de producto correcto y tachando y corrigiendo las que no.
7. Llevar un control en el formato de recibo de las mercancías que se reciben por proveedor.
8. Al concluir la recepción, solicitar firma de la persona representante del proveedor o del mismo en caso de que sea él quien surta el producto.
9. Toda la mercancía recibida debe ser colocada en su lugar correcto en el almacén y capturarse en sistema.

CUENTAS POR COBRAR

El renglón de las cuentas por cobrar, o sea los créditos concedidos por la negociación restaurantera, siempre será objeto de grandes controversias; por una parte, hay quienes están en contra de otorgar créditos debido a la complejidad de las operaciones crediticias y, en consecuencia, a la incertidumbre y riesgo de no realizar el cobro correspondiente. Sin embargo, algunos manifiestan que el crédito representa un beneficio adicional para el cliente, ya que además de ser un gran atractivo, incrementa el poder de compra del consumidor. A pesar de todo existe, y la restaurantería no permanece al margen de esa situación. Los créditos a empresas por contratos de servicio de alimentación a sus empleados, la aceptación de tarjetas bancarias y de créditos comerciales, los cupones de pago de empresas especializadas en créditos por comida y tantas otras modalidades requieren una adecuada administración y un control razonable del nivel de los créditos para evitar la posibilidad de que las cuentas por cobrar sean excesivas, al grado de afectar la liquidez del restaurante. Es importante destacar que los créditos de carácter eventual no representan un motivo de consideración al efectuar el análisis (por ejemplo, los préstamos a empleados, faltantes en efectivo de cajeros, etc.); sin embargo, en una revisión independiente, podría mantenerse un control de dichas cuentas por cobrar.

La recuperabilidad de los créditos sin duda implica su convertibilidad a efectivo, y mientras más rápido se conviertan, mayor liquidez mantendrá el negocio. La rotación de las cuentas por cobrar se determina mediante la relación existente entre las ventas y el importe de las cuentas por cobrar; por tanto, la fórmula quedaría así:

$$\frac{\text{Ventas}}{\text{Cuentas por cobrar}}$$

Al aplicar esta relación se obtiene el balance de la tabla 3.6.

Tabla 3.6. Ejemplo de rotación de las cuentas por pagar.

Alimentos preparados
Balance general al 31 de diciembre de 20 _____ .

Disponibilidades		Obligaciones	
Circulante		*A corto plazo*	
Efectivo en caja y bancos	$ 75 000	Proveedores	$ 405 000
Almacén de alimentos	340 000	Documentos por pagar	100 000
Almacén de bebidas	215 000	Suma	505 000
Almacén de suministros	100 000	Capital	575 000
Tarjetas de crédito	150 000	Suma	$1 080 000
Clientes	200 000		
Suma	$1 080 000		
Ventas	$1 600 000		
Costos	900 000		
Utilidad bruta	700 000		
Menos			
Gastos de operación	2 000 000		
Utilidad neta	$ 500 000		

Una vez obtenida la relación existente entre las ventas y el importe de las cuentas por cobrar, la rotación de las cuentas por cobrar sería:

$$\frac{\text{Ventas}}{\text{Cuentas por cobrar}} \qquad \frac{1\,600\,000}{350\,000} = 4.57$$

Esta relación indica que las cuentas por cobrar se han logrado convertir en efectivo 4.57 veces, es decir, se logró recuperar y convertir en efectivo cuatro veces y media los créditos otorgados. Desde luego, en la recuperación de los créditos influye una serie de factores, como una adecuada investigación de la clientela, el manejo de la solicitud de crédito, nivel del crédito otorgado, interés pactado y, sobre todo, la selección de la clientela.

Recomendaciones para el control interno de las cuentas por cobrar

Debe existir un límite de crédito para cada cliente, cuyo cumplimiento será verificado por un funcionario distinto del gerente de crédito.

Cuando el sistema de cobros lo permita, se practicarán arqueos rotativos de las cuentas y documentos por cobrar.

Debe haber una delimitación de responsabilidades entre custodios, cobradores, departamento de crédito y cajero, respecto a los movimientos físicos de entrega y recepción de cuentas y documentos por cobrar.

También se debe establecer una separación contable adecuada para el registro de:

1. Anticipos de sueldos al personal.

- Deberán ser autorizados por un funcionario de nivel superior al receptor.
- Se fijará como límite el monto del sueldo mensual del solicitante.
- Establecer un sistema de descuentos periódicos y consecutivos.
- Evitar conceder un nuevo préstamo hasta no quedar saldado el anterior.
- Implantar un sistema que asegure el cobro de saldos a cargo del personal que renuncia o es despedido.
- Evitar préstamos al personal temporal.

2. Anticipos para gastos de viaje.

- Exigir una comprobación detallada de los gastos efectuados.
- Contar con una forma impresa para tal efecto.
- Exigir que se adjunten los comprobantes respectivos, cuando esto sea posible.

- Acumular al sueldo los gastos no comprobados y pagar los impuestos sobre la renta en ISPT sobre el total.
- Que los gastos sean aprobados por un funcionario superior a quien los efectúa.

3. Anticipos a proveedores.

- Efectuarlos solo con base en presupuestos aceptados y autorizados.
- Cancelar contra la entrega de las facturas o recibos respectivos.
- Autorizados por un funcionario responsable.
- Renovarlos con la autorización de un funcionario responsable.

4. Cuentas y documentos por cobrar a clientes.

- El custodio de los documentos por cobrar será independiente del cajero y de los encargados de los registros de contabilidad.
- El custodio de valores entregados en garantía por clientes, será independiente del cajero y de los encargados de los registros de contabilidad.
- Las cuentas de los clientes serán llevadas por empleados que no tengan acceso al efectivo.
- Los saldos de las cuentas de clientes deberán determinarse por lo menos una vez al mes y los totales se compararán con la cuenta de control del mayor general.
- Se enviarán cada mes estados de cuenta a todos los clientes.
- Debe mantenerse el control de los estados de cuenta hasta que estos se envíen.
- Las diferencias señaladas por los clientes se dirigirán al mismo empleado para su investigación.
- Se prepararán periódicamente relaciones de cuentas atrasadas, para su revisión por funcionarios distintos del gerente de crédito.
- Las notas de crédito serán aprobadas por un funcionario responsable; asimismo, estarán bajo control numérico.
- Para descuentos otorgados fuera de plazo o superiores a los normales, se requiere la aprobación de un funcionario responsable.

5. Depósitos en garantía.

- Se efectúan solo con base en contratos celebrados o de acuerdo con las bases de concursos que así lo exijan.
- Se recuperan inmediatamente después de la expiración de los plazos respectivos.

- Se vigilan en cuanto a esa recuperación inmediata.
- Se contabilizan como tales, solo cuando existe recuperabilidad.

6. Otras cuentas por cobrar.

- Se ejercerá un control similar al de las cuentas y documentos por cobrar a clientes.
- Se prepararán análisis de antigüedad de saldos de las cuentas por cobrar, por operaciones distintas de ventas y servicios.
- Los asientos de diario que afecten estas cuentas serán aprobados por alguna persona de mayor jerarquía a los encargados del registro de cuentas por cobrar y en ningún caso por la persona afectada.
- Los intereses devengados sobre otras cuentas por cobrar se calcularán cada mes.
- En su caso, se establecerá una provisión para las cuentas incobrables.
- Las cancelaciones serán aprobadas por un funcionario responsable.
- Las cuentas canceladas se registrarán en cuentas de orden y se mantendrá una vigilancia efectiva sobre la recuperación de cuentas canceladas.

ACTIVO FIJO

El activo fijo representa una inversión de gran magnitud económica para el restaurante, ya que el equipo de servicio, cocina, loza, cristalería, mantelería, equipo de refrigeración, mobiliario y transporte, entre otros, requiere de una erogación considerable para su adquisición. Por ello, una adecuada administración debe permitir el uso razonable de dichos bienes a su máximo rendimiento. Por tanto, antes de adquirir un bien debe realizarse un estudio relativo a la recuperación de la inversión y la productividad que se espera de él. Es común la práctica de adquirir un activo fijo solo por capricho o gusto personal del responsable del restaurante sin considerar que, financieramente, tal erogación puede resultar inútil o gravosa, pues su productividad no justifica la inversión. El mantenimiento preventivo, y en algunos casos el correctivo, permite que los bienes de activo fijo cumplan de manera adecuada con su cometido; del mismo modo, la capacitación del personal influirá en su correcta utilización.

Los métodos de depreciación serán de gran importancia, ya que influyen de forma directa en los resultados de los ejercicios contables y fiscales; una correcta aplicación de la depreciación se reflejará en el estado de resultados (o de pérdidas y ganancias) manifestando utilidades reales.

Se entiende por depreciación la pérdida de valor que sufre un bien a causa del uso o el transcurso del tiempo; así, para efectos contables, a mayor uso de un bien, mayor será su depreciación.

La importancia de la administración de las partidas que integran el activo fijo radica en determinar su productividad, esto es, la relación existente entre el importe de las ventas y la influencia del activo fijo para producirlas; así la fórmula se presentaría como sigue:

$$\frac{\text{Ventas}}{\text{Importe del activo fijo}}$$

El análisis del activo fijo quedaría conforme a los datos de los estados financieros de la tabla 3.7.

Tabla 3.7. Relación entre el importe de las ventas y la influencia del activo fijo.

Cocina Rápida

Balance general al 31 de diciembre de 20 _____ .

Disponibilidades		Obligaciones	
Circulantes		*A corto plazo*	
Efectivo en caja y bancos	$ 89 000	Proveedores	$ 400 000
Almacén de alimentos	350 000	Acreedores	300 000
Almacén de bebidas	400 000	Suma	700 000
Almacén de suministros	91 000		
Tarjetas de crédito	180 000	Capital	$ 3 080 000
Clientes	300 000		
Suma	$ 1 410 000		
Activo fijo			
Mobiliario	$ 870 000		
Equipo de cocina	600 000		
Equipo de refrigeración	900 000		
Suma	2 370 000		
Suma total	$ 3 780 000		

Estado de resultados del 1 al 31 de diciembre de _____ .

Ventas	$ 2 000 000
Costos	800 000
Utilidad bruta	1 200 000
Gastos de operación	700 000
Utilidad neta	$ 500 000

Según la relación existente, son comparables las ventas y el importe del activo fijo que procuró esas ventas, quedando como sigue:

$$\text{Ventas} \atop \text{Activo fijo} \qquad \frac{2\,000\,000}{2\,370\,000} = 0.84$$

Así, con una inversión de 2 370 000 en activo fijo, se lograrán ventas por 2 000 000, o sea, 84 % de la inversión.

Recomendaciones para el control interno del activo fijo

1. Llevar registros detallados para las distintas unidades de los muebles e inmuebles.
2. Comparar dichos registros, por lo menos una vez al año, con las cuentas de control del mayor general.
3. Practicar inventarios físicos periódicos de los activos fijos y valuaciones periódicas para seguros y otros fines.
4. Contar con un sistema adecuado de control para las pequeñas adquisiciones.
5. Utilizar requisiciones autorizadas para adiciones al activo fijo y reparaciones importantes.
6. Las inversiones en activo fijo requerirán autorización previa del consejo de administración o de funcionarios competentes.
7. Cuando las inversiones reales excedan el monto autorizado, el exceso será aprobado de la misma forma que la señalada en la recomendación anterior.
8. Debe existir alguna política precisa para determinar la diferencia entre las adiciones de activos fijos y el mantenimiento y reparaciones de los mismos.
9. El registro y la contabilización de los remplazos de activos fijos estarán planeados de manera que aseguren el apropiado tratamiento contable para las bajas de los activos fijos remplazados.
10. Se requerirá la aprobación de un funcionario determinado para el retiro y desmantelamiento de los bienes de activo fijo.
11. Implantar un procedimiento efectivo para asegurar que los bienes físicamente retirados sean dados de baja en libros y los ingresos provenientes de la realización y venta sean registrados.
12. Registrar las depreciaciones acumuladas por unidades o grupos que correspondan con las clasificaciones o agrupaciones de bienes de activo fijo depreciables.
13. Vigilar que las patentes resultantes de sus investigaciones estén registradas a su nombre y no a nombre de alguna otra persona.

14. Las depreciaciones serán acumuladas con base en estimaciones técnicas de vida útil probable.
15. Las depreciaciones fiscales, si son diferentes de las contables, serán registradas en cuentas de orden.
16. Los movimientos y saldos de dichas cuentas de orden deberán coincidir con los presentados en la declaración de impuestos sobre la renta.

OBLIGACIONES Y CUENTAS POR PAGAR

Cuando se habla de pasivos (deudas y obligaciones), con frecuencia se piensa en el aspecto negativo de las finanzas y el temor se apodera de los empresarios, pues creen que el endeudamiento representa la ruina y el fin del establecimiento; sin embargo, a pesar del fantasma de las deudas, es de suma importancia entenderlo como una situación positiva y sana, ya sea con los proveedores, acreedores o el fisco. En primer lugar, las deudas contraídas constituyen fuentes de financiamiento, o sea, trabajar con dinero prestado, manejarlo y lograr utilidades con él. El problema se presenta cuando no se tiene un control razonable de los créditos y, por tanto, los acreedores van ganando terreno sobre la empresa hasta que esta se convierte en su propiedad. Una manera de analizar el índice de endeudamiento es comparar el importe de las deudas con el total de los bienes y derechos que se poseen por medio de la siguiente fórmula (tabla 3.8):

$$\frac{\text{Total de obligaciones}}{\text{Total de bienes y derechos}} = \begin{array}{c}\text{Grado de endeudamiento} \\ \text{(en porcentaje)}\end{array}$$

Con base en los datos del balance anterior, quedaría como sigue:

$$\begin{array}{c}\text{Total de obligaciones} \\ \text{Total de bienes}\end{array} \quad \frac{800\,000}{2\,699\,000} = 0.29$$

El resultado anterior muestra que 29 % de la empresa se encuentra en manos de los acreedores y, por tanto, 71 % del negocio se encuentra en manos del dueño o empresario.

Recomendaciones para el control interno de las cuentas por pagar

Los anticipos recibidos de clientes estarán basados en los contratos celebrados y los pedidos autorizados.

Tabla 3.8. Análisis del índice de endeudamiento.

El Buen Taco

Balance general al 31 de diciembre de 20 _____ .

Disponibilidades		
Circulante		
Efectivo en caja y bancos	$ 138 000	
Almacén de alimentos	251 000	
Almacén de bebidas	300 000	
Tarjetas de crédito	150 000	
Clientes	180 000	
Suma		$1 019 000
Fijas		
Mobiliario	$ 680 000	
Equipo de cocina	700 000	
Equipo de servicio	300 000	
Suma		1 680 000
Total		$2 699 000
Obligaciones		
A corto plazo		
Proveedores	$ 400 000	
Acreedores	200 000	
Documentos por pagar	150 000	
Impuestos por pagar	50 000	
Capital		80 000
		$1 899 000

Dichos anticipos se amparan mediante la emisión de:

- Recibos.
- Notas de crédito.
- Facturas.

La aplicación de anticipos recibidos para las cuentas por cobrar a clientes está sujeta a las estipulaciones de los contratos celebrados.

Debe haber una persona para vigilar el cumplimiento de los contratos o pedidos en cuanto a la recepción de anticipo y su posterior aplicación.

Debe mantenerse un archivo de contratos en vigor si en estos se estipulan anticipos. En los contratos se hará constar visiblemente:

- Las fechas de cumplimiento de los mismos y los anticipos estipulados.
- La referencia al documento que se expidió para hacer constar la recepción del anticipo.
- El número de la factura final.

Para efectos de presentación de estados financieros, se debe trasladar al pasivo los saldos acreedores de clientes y otras cuentas por cobrar.

Deben establecerse fechas de recepción de los estados de cuenta de los proveedores más importantes. Si no se reciben, será necesario solicitarlos. Los estados de cuenta serán recibidos por una persona distinta del cajero o encargado de cuentas por cobrar.

Serán conciliados por la persona que los recibe contra los saldos mostrados por la contabilidad. Como resultado, se solicitarán los documentos necesarios para elaborar las partidas de conciliación, y se harán los ajustes correspondientes.

Se aprovecharán todos los descuentos por pronto pago concedidos por los proveedores.

Cuando se acepten "multas" por incumplimiento con fechas de entrega prometida a los clientes, también se exigirán a los proveedores.

Es necesario que los ajustes a las cuentas por pagar (incluyendo la cancelación de saldos deudores) sean aprobados por un funcionario competente.

Los préstamos documentados serán autorizados por el consejo de administración.

Se requerirá de dos o más firmas en los documentos por pagar.

El registro de documentos por pagar lo debe llevar un empleado que no esté autorizado para firmar cheques o documentos.

Los documentos pagados serán inutilizados o archivados.

El registro de comprobantes o el mayor de las cuentas por pagar será conciliado de manera regular con la cuenta de control del mayor general.

Para la colocación de las obligaciones y el pago de intereses se requerirán los servicios de un agente independiente.

Los títulos y cupones de intereses pagados serán debidamente cancelados.

VENTAS Y COSTOS

En cualquier negocio las ventas constituyen el eje que moviliza la maquinaria empresarial; por ello, los vendedores deberían ser los "preferidos" del empresario y contar con prestaciones y sueldos considerables como parte de un incentivo formal. En la restaurantería, con frecuencia se pagan sueldos bajos al personal de servicio, pues se considera que corresponde al cliente recompensar la labor y el trabajo del mesero y sus ayudantes; la propina se ha convertido en un vicio de tal magnitud que el trabajador cumple con su obligación en función de la gratificación esperada.

No obstante, la fijación de los precios de venta, incremento en las propinas, ventas, promociones, descuentos, competencia, oferta y demanda, porcentaje de utilidad deseada, propósito de ventas y todos los aspectos relacionados con estas, deben manejarse con esmero en el restaurante, ya que de ellos depende el incremento en las utilidades. La comparación que se efectúe entre los ingresos y costos manifestará el porcentaje de utilidades alcanzado y mientras mayor sea este, mayor será la solidez financiera del negocio.

Así como es necesario implantar una política de ventas, también se requiere de una política de control de costos, pues una de las múltiples deficiencias del restaurantero consiste en no saber costear y, en general, olvidar los costos de los gastos indirectos, cuyo volumen representa un renglón que a final de cuentas afecta las utilidades esperadas.

Recomendaciones para el control interno de ventas

Las facturas de ventas deben ser revisadas en cuanto a:

- Precios.
- Cantidades.
- Condiciones de crédito.
- Corrección aritmética.
- Pedidos del cliente.

El departamento de crédito debe ser completamente independiente del de ventas, y los precios y condiciones de crédito basarse en los listados de precios aprobados.

De ser así, todas las desviaciones de los listados deberán ser aprobadas por un funcionario encargado de las finanzas. En caso contrario, los precios de venta y condiciones de crédito deben ser aprobados por el gerente de ventas.

Es muy importante que las facturas de ventas estén debidamente foliadas.

Debe verificarse la exactitud aritmética de las ventas totales, por medio de análisis estadísticos.

Los totales de ventas para los respectivos periodos contables (por ejemplo, mensuales) serán informados al encargado del mayor general, sin importar el trabajo del encargado de cuentas por cobrar.

Debe haber una adecuada seguridad contra la omisión del registro de ventas, debido a la desaparición de facturas, remisiones o avisos de embarque.

Las devoluciones de ventas se manejan a través del departamento de recepción, esto es, el mismo departamento que recibe las entradas de materiales o materias primas adquiridas.

Las notas de crédito por devolución de ventas deben basarse en información idónea del departamento de recepción en cuanto a descripción, cantidad y condición.

Las siguientes clases de ventas deben controlarse de la misma manera que las ventas a crédito normales:

- Ventas a empleados.
- Ventas de propiedades y equipo.
- Ventas al contado.
- Desechos y desperdicios.

Es necesario analizar los presupuestos o programas de ventas, así como comparar el porcentaje de utilidad bruta real con el porcentaje predeterminado por la compañía, así como investigar las variaciones importantes y, en su caso, comprobar de manera documental las causas que las originaron.

Funcionarios responsables deberán verificar las autorizaciones de rebajas o descuentos concedidos a los clientes.

Revisar las sumas de las columnas en los libros o registros de ventas, al igual que los traslados de los libros o registros de ventas al por mayor.

Asimismo, es preciso comprobar la continuidad en la numeración de los documentos que amparan los ingresos obtenidos, como facturas, notas de venta, notas de remisión, etcétera.

Cotejar los documentos mencionados con los informes de salida de almacén (o cualquier otro documento que demuestre la entrega de los productos terminados o mercancías), en un periodo anterior a la fecha de cierre del ejercicio.

Comparar las facturas (o cualquier otro documento que compruebe el ingreso o la venta) con las anotaciones en libros de ventas, en cuanto a fecha, número, cliente y cantidad.

Las facturas anotadas en los libros de ventas deben compararse con los asientos en las tarjetas auxiliares de clientes, y verificar la continuidad en la numeración de las notas de crédito (o cualquier otro documento de deducción a las ventas), por concepto de devoluciones, descuentos o rebajas.

Comparar las notas de crédito por devoluciones con los informes de entrada al almacén, por un periodo anterior a la fecha de cierre del ejercicio.

Las notas de crédito por devoluciones, descuentos y rebajas, deben concordar con las anotaciones en los libros de ventas en cuanto a fecha, número, cliente y cantidad.

Las notas de crédito y demás anotaciones en los libros de ventas deben compararse con los asientos en las tarjetas auxiliares de clientes.

Efectuar pruebas de la uniformidad en los precios de venta que marcan las facturas, en comparación con listados oficiales, y también aquellas referidas a la corrección aritmética de las facturas y notas de crédito.

Debe existir un control presupuestal de los gastos de operación variables y fijos, y dividirlos por las funciones a las cuales beneficiaron:

- Administración.
- Ventas.
- Finanzas.
- Distribución.

Así se contará con un análisis completo por subcuentas de gastos.

Los auxiliares en donde se registra ese análisis serán verificados cada mes contra los saldos de las cuentas de mayor.

Contar con un plan de supervisión de las cuentas de gastos de operación para excluir los gastos de preoperación y los gastos relativos a ejercicios anteriores.

Los asientos de diario correspondientes al punto anterior serán autorizados por un funcionario competente.

Los gastos de una misma naturaleza tendrán siempre la misma aplicación contable.

Los costos unitarios serán determinados con base en el sistema de costos utilizados por la empresa.

Las tabulaciones que determinan el costo de ventas del periodo serán verificadas en exactitud y razonabilidad.

El departamento de costos preparará estados mensuales detallados de costo de producción y de ventas, en unidades y valores.

Practicar una revisión general para que pueda determinarse si los "otros gastos" se han clasificado de manera apropiada y en forma consistente.

El departamento de costos debe recibir una copia de todas las facturas en las cuales irá reservando un espacio adecuado para asentar los costos unitarios y los totales.

Toma de decisiones

Después de diagnosticar la situación en que se desenvuelve el restaurante, detectar zonas neurálgicas, establecer objetivos empresariales con base en una adecuada planeación; estructurar un eficiente sistema de información financiera y, a partir de este, un análisis de la situación y resultados del restaurante, comienza la labor medular del empresario: la toma de decisiones.

Por desgracia, en la actividad gastronómica cualquier persona toma decisiones sin contar con la capacidad profesional para ello; con frecuencia se confunde la aplicación del criterio personal fundado en procedimientos de operación estándar, con decisiones tácticas y estratégicas. La toma de decisiones es la máxima actividad intelectual que establece la diferencia entre un empresario y otro, y esa diferencia se manifiesta en la aptitud para decidir y afrontar los riesgos.

Al respecto, Jean Mayer manifestó lo siguiente:

> En este mundo tenso, cada vez más poblado, cada vez más interdependiente, la toma de decisiones se está volviendo más y más crucial. No dudo en proclamar que el futuro de la raza humana dependerá de si nuestros graduados, cuidando de la democracia más grande de la Tierra, miembros de la sociedad tecnológica más altamente desarrollada en el mundo, tienen la sabiduría y el valor para tomar y llevar a cabo las decisiones correctas.[6]

Mediante dos conceptos de la filosofía de Mayer se llega al fondo del asunto: la sabiduría y el valor. Respecto de la primera, hay quienes sustentan la teoría de que una vez dominados los detalles de una actividad, las decisiones surgen de forma natural; esto tiene sentido, pues la comprensión del fenómeno con el cual se relaciona la decisión es su requisito más importante. Por otra parte, el valor de tomar y realizar las decisiones parece ser el punto vulnerable del empresario. Si se desconoce la actividad gastronómica en sus detalles, la incertidumbre y el miedo acompañarán de por vida al responsable de un establecimiento restaurantero. Sin embargo, en sus conferencias Luis Felipe Coello menciona: "a pesar de la incertidumbre, debe mantenerse la lucidez y mantener el negocio bajo control, pues si no es así, sobreviene el colapso".[7]

RENTABILIDAD

El objetivo general e inmediato de un restaurante como empresa es que cada unidad que lo integra cumpla con los objetivos de *rentabilidad* presu-

---

[6] Jean Mayer, *The Chronicle of Higher Education*, Universidad de Tufts, Estados Unidos, 1980.
[7] Luis Felipe Coello, *Teoría del empresario*, Libros para todos, México, 1981.

puestados y planeados, sin descuidar la propiedad y el mantenimiento de las normas de calidad y servicio predeterminados.

Los factores adecuados para realizar el trabajo en el restaurante son fundamentales para el incremento en la productividad y por tanto el incremento en la rentabilidad del negocio, es decir, no solo se requiere del conocimiento técnico, la cortesía o una atención esmerada, sino qué aspectos del establecimiento provocarán un rendimiento superior en los empleados, sean estos de cocina o servicio.

Dentro de estos aspectos está el mejoramiento del alumbrado, pues el nivel de iluminación que se requiere dependerá de la clase de trabajo que se realice. María del Carmen Ruiz, en una investigación realizada, establece que "es claro que quien controla la calidad del producto necesita más luz para trabajar que la que necesitaría un almacenista".[8] Además de la intensidad del alumbrado, debe considerarse la calidad de la luz, el deslumbramiento por la ubicación de las fuentes luminosas, los contrastes de colores y la brillantez, el parpadeo de las lámparas y las sombras producidas.

En su análisis, la autora también habla de la influencia de los colores y establece la significación psicológica y emocional de los colores principales:

- *Amarillo*: da al restaurante la más alta visibilidad, casi en todas las condiciones de alumbrado; tiende a provocar una sensación de frescura y sequedad, puede dar sensación de riqueza y de poder, o sugerir también cobardía y enfermedad.
- *Naranja*: tiende a combinar la alta visibilidad del amarillo y la vitalidad e intensidad características del rojo, atrae más la atención de cualquier otro color del espectro; da la sensación de tibieza o ambiente cálido y con frecuencia tiene efectos estimulantes o alentadores.
- *Rojo*: es de alta visibilidad; posee intensidad y vitalidad; es el color físico asociado a la sangre, sugiere calor, estímulo y acción.
- *Azul*: es de baja visibilidad; tiende a dirigir la mente, el pensamiento y la meditación; es un color calmante, aunque puede incitar el ánimo a la depresión.
- *Verde*: es de baja visibilidad; inspira sentimientos de tranquilidad, frescura y estabilidad.
- *Púrpura* y *violeta*: son colores de baja visibilidad; se asocian con el dolor, la pasión, el sufrimiento, el heroísmo y tienden a inspirar sentimientos de fragilidad y tristeza.

La aplicación de los colores en la decoración del restaurante es de vital importancia y constituye un aspecto subliminal muy importante para el in-

[8] María del Carmen Ruiz, *La importancia de los tiempos y movimientos en la producción de comida rápida*, tesis profesional, Escuela Panamericana de Hotelería, México, 1994, p. 78.

cremento en las ventas. Este factor puede ser la diferencia entre el éxito o el fracaso de un restaurante.

Otro elemento que debe cuidarse en los restaurantes es el control del ruido. En la misma investigación se establece que tanto los ruidos estridentes como los monótonos fatigan al personal; ruidos intermitentes o constantes alteran también a un empleado modificando su estado de ánimo y dificultando que realice un trabajo de precisión. Controversias, conflictos laborales y otras formas de mala conducta entre el personal pueden ser atribuidas con frecuencia a ruidos perturbadores; se ha demostrado que niveles de ruido irritantes aceleran el pulso, elevan la presión sanguínea y llegan a ocasionar irregularidades en el ritmo cardiaco. Para contrarrestar el efecto del ruido, el sistema nervioso del organismo se fatiga, llegando a producir estados de neurastenia.

La ventilación también desempeña un importante papel en el control de accidentes y de fatiga en los empleados; se ha comprobado que gases, vapores, humos, polvos y toda clase de olores provocan fatiga que reduce la eficiencia física de un trabajador y suele originar tensiones mentales. Los resultados de laboratorio indican que el efecto deprimente de una mala ventilación está asociado al movimiento del aire, a su temperatura y humedad; cuando se eleva el grado de humedad, el enfriamiento por medio de la evaporación decrece rápidamente, reduciendo la capacidad del organismo para disipar el calor; estas condiciones aceleran el ritmo cardiaco, elevan la temperatura del cuerpo y producen una lenta recuperación después de las labores, dando por resultado una fatiga considerable. Por ejemplo, a una temperatura ambiente de 24 °C y 50 % de humedad relativa, se efectúa 15 % menos trabajo en labores manuales pesadas que a 20 °C y la misma humedad, y que a los 30 °C y 80 % de humedad relativa se realiza 28 % del trabajo. También se observó que en condiciones de aire estacionario se producía 9 % menos de trabajo que en sitios ventilados y con las mismas temperaturas y humedad; los experimentos indicaron que una ventilación adecuada provoca incrementos en la producción, la seguridad y el ánimo del personal.

CASO PRÁCTICO

Corporación Restaurantera del Pacífico, S. A.

La información que se presenta a continuación contiene los siguientes estados financieros: estado de resultados para el periodo que termina el 31-12 de los años Xx-1 a Xx-5 y balance general al 31-12 de los periodos Xx-1 a Xx-5. Esta información será utilizada para los cálculos de los diferentes indicadores financieros que se utilizarán.

Corporación Restaurantera del Pacífico, S. A.
Estado de resultados comparativo
Años terminados el 31 de diciembre de Xx_1 a Xx_5
(en millones de pesos)

	Xx_1	Xx_2	Xx_3	Xx_4	Xx_5
Ingresos por venta de alimentos	800	1000	1200	1300	1500
Costo de venta de alimentos	400	500	600	650	750
Utilidad bruta	400	500	600	650	750
Depreciación	50	60	80	100	120
Gastos generales y de administración	100	120	140	160	180
Gastos de ventas	100	120	140	160	180
Utilidad neta en operaciones	150	200	240	230	270
Gastos por intereses	10	20	60	80	90
Utilidad neta antes de impuestos	140	180	180	150	180
Impuesto sobre la renta (50 %)*	70	90	90	75	90
Utilidad neta del ejercicio	70	90	90	75	90
	-	-	-	-	-
Ganancia por acción	0.7	0.9	0.9	0.75	0.9

* Tasa promedio.

Corporación Restaurantera del Pacífico, S. A.
Balance general comparativo
31 de diciembre de Xx_1 a Xx_5
(en millones de pesos)

	Xx_1	Xx_2	Xx_3	Xx_4	Xx_5
Activos					
Activo circulante					
Caja y bancos	80	100	100	120	130
Cuentas por cobrar	160	200	500	780	870
Inventario de mercancías (alimentos)	160	200	300	400	600
Total circulante	400	500	900	1300	1600
Activo fijo					
Terrenos	100	100	100	100	100
Edificios (neto)	200	200	300	300	300
Mobiliario y equipos de cocina/ refrigeración, etc. (neto)	100	200	200	300	400
Total activo fijo	400	500	600	700	800
Total de activos	800	1000	1500	2000	2400
Pasivo y capital					
Pasivo corriente					
Cuentas por pagar	100	150	200	350	500
Acumulados por pagar, varios	100	150	200	250	400
Total pasivo corriente	200	300	400	600	900
Pasivo a largo plazo					

Deuda a largo plazo	100	200	600	900	1000
Capital					
Acciones comunes	100	100	100	100	100
Capital pagado	100	100	100	100	100
Utilidades retenidas	300	300	300	300	300
Total del pasivo y capital	800	1000	1500	2000	2400

Herramientas de análisis

Porcentajes:

1. El análisis porcentual consiste en convertir los valores monetarios en porcentaje y es de gran utilidad en el análisis comparativo y de tendencias.

2. Para la comparación de los estados financieros de años sucesivos de una organización individual.

3. Para la comparación de los estados financieros de dos o más organizaciones.

4. Para la comparación de los porcentajes de una organización con los porcentajes de la industria a la cual pertenece.

5. De acuerdo con las características del informe los porcentajes pueden ser presentados por separado en los estados financieros (estados de tamaño común) o acompañados de sus correspondientes valores monetarios, en especial cuando se trate de estados comparativos.

6. Los porcentajes tendrán como denominador común 100 % en el estado de pérdidas y ganancias, las ventas son de 100 %.

7. En el balance general el total de los activos es de 100 % respecto de cada uno de sus componentes.

8. El total de pasivo y capital es de 100 % respecto de cada uno de sus componentes.

9. Otro tipo de porcentaje es el que muestra las variaciones interanuales. En este caso 100 % lo constituye el año base de comparación. Por ejemplo, porcentaje de cambio de los estados del año actual respecto de los del año anterior.

Porcentajes-índices:

1. Los porcentajes de tendencias son números índice que muestran los cambios relativos en los estados financieros a través del tiempo.

2. Debe establecerse un año base (estados financieros del año base), el cual será de 100 % (por ejemplo, 1083 = 100).

3. Para calcular los índices de los años subsecuentes, se divide cada importe de los estados entre la partida correspondiente en el estado del año base y se multiplica por 100, el resultado se expresa en números redondos.

4. Una vez completados los cálculos debe procederse al análisis comparativo e interpretación de las tendencias.

5. Para facilitar el análisis de tendencias pueden elaborarse tablas y/o gráficos.

6. Las representaciones gráficas se realizan básicamente en un sistema de coordenadas cartesianas:

a) En el eje de las *x* se colocan los valores no monetarios, por ejemplo: tiempo en horas, semanas, meses, años, número de unidades de producción en su correspondiente unidad de medida.

b) En el eje de las *y* se colocan los valores monetarios o sus equivalentes en porcentajes o números índices, tanto de balance general como de ganancias y pérdidas.

Razones estándar:

1. En el análisis de estados financieros, el término razón indica una relación numérica entre partidas o grupo de partidas incluidas en los estados financieros.

2. Las razones se determinan dividiendo una partida entre otra u otras.

3. Las razones que relacionan partidas del balance general se expresan en relación a 1 (tanto por uno). Las correspondientes al estado de ganancias y pérdidas se relacionan en forma de porcentajes.

4. Las razones financieras solo pueden indicar posibilidades y sugerir situaciones fuertes o débiles de las actividades financieras, como solvencia, estabilidad o rentabilidad financiera.

5. Las razones financieras deben compararse con las de la misma empresa de años anteriores, con el promedio de la industria y/o con las de otras empresas del mismo ramo o industria.

6. En términos generales se pueden reconocer razones del balance general, razones del estado de ganancia y pérdidas y razones interesados financieros.

7. Las razones financieras pueden clasificarse en cinco grandes categorías:

a) Razones de liquidez.
b) Razones de apalancamiento (Leverage).
c) Razones de actividad gerencial.
d) Razones de rentabilidad.
e) Razones de mercado.

Razones de liquidez: Estas razones financieras se utilizan para medir la capacidad de la firma para cancelar sus obligaciones a corto plazo. Algunos autores las denominan razones de capital de trabajo. Las principales razones de liquidez son:

- Razón de circulante (corriente).
- Razón de rapidez a prueba de ácido.
- Prueba del superácido.

NOTA: Se utilizan los datos de Corporación Restaurantera del Pacífico, S. A. para ilustrar los cálculos de las razones.

1. Razón del circulante (corriente): Es un indicador de la capacidad de la empresa para pagar obligaciones en efectivo en el corto plazo. Se calcula dividiendo el total de los activos circulantes (corto plazo) entre los pasivos corrientes (corto plazo), así:

$$RC = \frac{\text{Activos corrientes}}{\text{Pasivos corrientes}}$$

Esta razón indica el grado en que los pasivos a corto plazo son cubiertos por los activos que más rápidamente pueden convertirse en efectivo. Mientras más alta sea esta razón mayor será la solvencia de la firma. Esta razón incluye todos los activos corrientes y pasivos corrientes.

2. Razón de rapidez o prueba del ácido. Es la medida de la capacidad de la firma para cancelar sus obligaciones a corto plazo en el supuesto de que no pueda liquidar sus inventarios. Se calcula aplicando la siguiente fórmula:

$$\text{Prueba del ácido} = \frac{\text{Activo corriente} - \text{Inventarios}}{\text{Pasivo corriente}}$$

3. Prueba del superácido. Mide la capacidad de la firma para cancelar sus obligaciones a corto plazo con la disponibilidad de efectivo en caja y bancos, sin incluir los otros activos corrientes. Se calcula mediante la siguiente fórmula:

$$\text{Prueba del superácido} = \frac{\text{Efectivo en caja y bancos}}{\text{Pasivos corrientes}}$$

Corporación Restaurantera del Pacífico, S. A.
Razones de liquidez
Años Xx_1 a Xx_5

Razones	*Xx_1*	*Xx_2*	*Xx_3*	*Xx_4*	*Xx_5*
Corriente	2:1	1.7:1	2.3:1	2.2:1	1.8:1
Prueba del ácido	1.2:1	1.0:1	1.5:1	1.5:1	1.1:1
Prueba del superácido	0.4:1	0.3:1	0.25:1	0.2:1	0.1:1

FUENTE: Corporación Restaurantera del Pacífico, S. A. Balance general comparativo Xx_1 a Xx_5. Los resultados fueron obtenidos aplicando las fórmulas correspondientes.

Del análisis de los resultados puede concluirse que:

- Mientras más altas sean estas razones de liquidez, mejor será la condición de la firma para cancelar sus pasivos a corto plazo.
- La razón corriente muestra cobertura suficiente para los pasivos corrientes.
- Las pruebas del ácido y superácido reflejan una marcada tendencia a depender de las recuperaciones de cuentas por cobrar y de la liquidación de sus inventarios para hacerle frente a sus obligaciones.
- Esta situación puede crear la propensión al endeudamiento a corto y largo plazos.

Razones de apalancamiento: Estas razones son utilizadas para evaluar el financiamiento de la firma a través del endeudamiento. Las más relevantes son:

- Razón de endeudamiento.
- Rotación de los pagos de interés.
- Utilidad neta antes de impuestos.

1. Razón de endeudamiento (RE). Esta razón indica la proporción de los activos que están financiados por la deuda. Se define como la deuda total dividida entre el total de los activos.

Mientras más alta sea esta razón mayor será el nivel de endeudamiento de la firma y mayor su riesgo de insolvencia.

$$RE = \frac{\text{Total del pasivo (deuda)}}{\text{Total del activo}}$$

2. Rotación de los pagos de interés (RPI). Esta razón constituye un indicador de la capacidad de la firma para afrontar los pagos de interés sobre sus deudas. Se calcula dividiendo la ganancia operativa (las ganancias antes de impuestos menos los pagos de intereses) entre los pagos de intereses más otros cargos financieros.

$$RPI = \frac{\text{Utilidad neta en operaciones}}{\text{Gastos por interés + otros cargos financieros}}$$

3. Utilidad neta antes de impuestos (GAI). Mientras más alto sea este indicador mayor será la capacidad de las utilidades de la firma para afrontar sus pagos de intereses.

Corporación Restaurantera del Pacífico, S. A.
Razones de apalancamiento
Años Xx_1 a Xx_5

Razones	Xx_1	Xx_2	Xx_3	Xx_4	Xx_5
Endeudamiento	0.38	0.50	0.67	0.75	0.79
Rot. de los pagos de interés	15	10	4	2.80	3

FUENTE: Corporación Restaurantera del Pacífico, S. A., Balance general comparativo y estado de pérdidas y ganancias comparativo, años Xx_1 a Xx_5.

Análisis:

- De acuerdo con la razón de endeudamiento se observa una marcada tendencia al endeudamiento de la firma a largo plazo.
- No obstante, la rotación de los pagos de interés muestra una tendencia a no producir beneficios suficientes para afrontar los pagos de intereses, con marcada declinación a lo largo de la tendencia.

Razones de actividad gerencial: Son razones que miden el nivel de compromiso de los activos y su eficiencia de uso. Las más importantes son:

- Rotación de inventarios.
- Periodo promedio de las cobranzas.
- Rotación del activo total.

1. Rotación de inventarios (RI). Es una medida del promedio de los inventarios en relación con la demanda. Es el número de veces que se ha vendido el inventario. Una baja rotación de inventarios puede deberse a bajas en las ventas, significar que hay fondos excesivos invertidos en inventarios o ser también una combinación de ambos casos.

Una alta rotación de inventarios señalaría un eficiente uso de los inventarios que genera buenas ventas. Sin embargo, una excesiva rotación de inventarios pudiera significar ventas perdidas por la falta de inventarios.

Se calcula mediante la aplicación de la siguiente fórmula:

$$RI = \frac{\text{Costo de ventas}}{\text{Inventario promedio*}}$$

Nota: El inventario inicial del presente año es el final del año anterior:

2. Periodo promedio de las cobranzas (PPC). Este indicador mide el número de días promedio de la cobranza en relación con la venta del producto. Mientras más alto es este indicador más demorado será el periodo de cobro y más alto el riesgo de inversión en cuentas por cobrar.

El periodo promedio de cobranzas se calcula mediante la aplicación de la siguiente fórmula:

$$PPC = \frac{\text{Cuentas por cobrar} \times 365 \text{ días}}{\text{Ventas}}$$

3. Rotación del activo total (RAT). Es un indicador general de la eficiencia en el uso de los activos. Una deducción de este indicador indica una reducción de las ventas por cada unidad monetaria de los activos y en consecuencia deficiencia en el uso de los activos.

La rotación del activo total se calcula mediante la aplicación de la siguiente fórmula:

$$RAT = \frac{\text{Ventas}}{\text{Total del activo}}$$

Corporación Restaurantera del Pacífico, S. A.

$$*\text{Inventario promedio} = \frac{\text{Inventario inicial} + \text{inventario final}}{2}$$

Razones de actividad gerencial
Años Xx_1 a Xx_5

Razones	Xx_1	Xx_2	Xx_3	Xx_4	Xx_5
Rotación de inventarios	2.9	2.8	2.4	1.9	1.5
Periodo promedio de cobranza	72 días	72 días	150 días	216 días	209 días
Rotación de los activos	1.0	1.0	0.80	0.65	0.63

FUENTE: Estados financieros de Corporación Restaurantera del Pacífico, S. A., balance general y estado de ganacias y pérdidas, años Xx_1 a Xx_5.

NOTA: El inventario inicial de Xx_1 se estimó en 120 millones de pesos.

Análisis:

• La rotación de inventarios muestra una ligera tendencia a decrecer.
• Las cuentas por cobrar tienden a recuperarse cada vez con mayor lentitud.
• La eficiencia de los activos muestra tendencia a seguir disminuyendo.

Razones de rentabilidad: Estas razones financieras son utilizadas para medir la capacidad de una firma para producir ganancias, tanto de sus ventas como del uso de sus activos.

Las razones de rentabilidad de más relevante utilización en el análisis financiero son las siguientes:

• Margen de utilidad bruta.
• Margen de utilidad neta.
• Rentabilidad de los activos.
• Margen de utilidad en operaciones.
• Rentabilidad operativa de los activos.
• Rentabilidad del capital.
• Ganancia por acción.

1. Margen de utilidad bruta (MUB). Establece la relación entre la utilidad bruta en ventas y las ventas; determina el porcentaje promedio de beneficio bruto de las ventas en relación con el costo original de adquisición del producto vendido, y permite comparar este margen bruto de ganancia con los de la firma en años anteriores, con otras empresas del ramo y el promedio de la industria.

Se calcula dividiendo la utilidad bruta entre el total de ventas, así:

$$\text{MUB} = \frac{\text{Utilidad bruta}}{\text{Ventas}}$$

2. Margen y utilidad neta (MUN). Este indicador mide la capacidad de convertir las ventas en ganancias después de impuestos. Se define como la ganancia neta después de impuestos dividida entre las ventas totales, así:

$$\text{MUN} = \frac{\text{Utilidad neta después de impuestos}}{\text{Ventas}}$$

Mientras mayor sea esta razón mayor será la eficiencia de las ventas en la producción de beneficios.

3. Rentabilidad de los activos (RA). Mide la capacidad de la firma para obtener beneficios mediante el uso de sus activos. Se calcula dividiendo la utilidad neta después de impuestos sobre los activos totales, así:

$$\text{RA} = \frac{\text{Utilidad neta después de impuestos}}{\text{Activo total}}$$

Mientras mayor sea esta razón mayor será la eficiencia en uso de los activos de la firma para producir utilidades después de impuestos.

4. Rentabilidad de las operaciones (RO). Mide la capacidad de la firma para producir beneficios antes de ingresos y/o gastos por intereses e impuestos. Este indicador considera todo lo relacionado a ganancias operativas antes que cualquier otra fuente de ingresos; tampoco considera los gastos no operativos (financieros, por ejemplo).

$$\text{RO} = \frac{\text{Utilidad neta operativa}[9]}{\text{Ventas}}$$

Mientras mayor sea este indicador mayor será la capacidad de las ventas de la firma para producir ingresos operativos sin depender de otras fuentes de ingresos.

5. Rentabilidad operativa de los activos (ROA). Es otro indicador de la eficiencia en el uso de los activos. Mide la proporción en que el ingreso neto operativo depende de los activos.

[9] No incluye ingresos/gastos por intereses ni impuestos.

Mientras mayor sea este indicador mayor la eficiencia en el uso de los activos, sin depender de otras fuentes de ingresos. El ROA se calcula de la siguiente manera:

$$ROA = \frac{Utilidad\ neta\ operativa}{Activo\ total}$$

6. Rentabilidad del capital total (RCT). Esta razón indica a los propietarios (accionistas) de la firma sobre la rentabilidad de su inversión. Mientras más alto sea este indicador mayor será la rentabilidad de la inversión de los propietarios (accionistas) de la firma.

Se calcula dividiendo la utilidad neta del año después de impuestos entre el capital de la firma, el cual incluye capital en acciones, capital pagado, utilidades retenidas y cualquier otro componente del capital total de la firma, por tanto:

$$RCT = \frac{Utilidad\ neta\ después\ de\ impuestos}{Capital\ total}$$

7. Ganancias por acción (GA). Este indicador informa a los propietarios (accionistas) de la firma del monto de utilidad neta después de impuestos que corresponde a cada una de las acciones comunes en circulación. Mientras más alto sea este indicador mayor será el beneficio por acción obtenido.

Se calcula dividiendo la utilidad neta después de impuestos entre el número de acciones comunes en circulación, así:

$$GA = \frac{Utilidad\ neta\ después\ de\ impuestos}{Número\ de\ acciones\ en\ circulación}$$

Corporación Restaurantera del Pacífico, S. A.
Razones de rentabilidad
Años Xx_1 a Xx_5

Razones (porcentaje)	Xx_1	Xx_2	Xx_3	Xx_4	Xx_5
Margen de utilidad bruta	50.0	50.0	50.0	50.0	50.0
Margen de utilidad neta	8.8	9.0	7.5	5.8	6.0
Rentabilidad de los activos	8.8	9.0	6.0	3.8	3.8
Rentabilidad de las operaciones	18.8	20.0	20.0	17.7	18.0
Rentabilidad operativa de los activos	18.8	20.0	16.0	11.5	11.3
Rentabilidad del capital total	14.0	18.0	18.0	15.0	18.0
Ganancias por acción (Bs/acción) (1) (2)	0.70	0.90	0.90	0.75	0.90

FUENTE: Estados financieros de Corporación Restaurantera del Pacífico, S. A.; balance general y estado de ganancias y pérdidas, años Xx_1 a Xx_5.
(1) Para los cinco años, el número de acciones en circulación = 100.

(2) Puede considerarse además como una razón de mercado.

Análisis:

- El margen de utilidad bruta se ha mantenido estable durante los cinco años con crecimiento sostenido en las ventas.
- El margen de utilidad neta ha mostrado una tendencia fluctuante a decrecer durante los cinco años.
- La rentabilidad de los activos muestra una fuerte tendencia a decrecer.
- La rentabilidad operativa se ha mantenido relativamente fluctuante durante los cinco años, aunque estabilizada durante 1998-1999.
- La rentabilidad operativa de los activos muestra una fuerte tendencia a decrecer durante los cinco años.
- La rentabilidad del capital total muestra una tendencia fluctuante, aunque con signos de estabilidad en 18 %.
- La ganancia por acción aunque ha fluctuado tiende a estabilizarse.

Razones de mercado: Mide las reacciones de los inversionistas hacia la actuación o gestión de la firma. Los indicadores más importantes son:

- Razón de ganancia por acción (RGA) (también es un indicador de rentabilidad ya estudiado).
- Razón de ganancia en el precio de la acción (RGPA). Mide la relación entre el precio de mercado de las acciones comunes y las ganancias por acción de las acciones comunes. Indica lo que los inversionistas querrían pagar por cada unidad monetaria de ganancia:

$$GPA = \frac{\text{Precio de mercado de la acción}}{\text{Ganancia por acción}}$$

Mientras más elevada sea la ganancia en el precio de la acción, mejor posición en el mercado de valores tendrán las acciones de Corporación Restaurantera del Pacífico, S. A.

CUESTIONARIO DE CONTROL

1. ¿Por qué es importante para un restaurantero cuidar las zonas neurálgicas de su negocio?

_____

_____

_____

2. ¿Cómo afecta a la liquidez del restaurante otorgar créditos a su clientela?

_____

_____

_____

3. Escriba las ventajas y desventajas que implica para el negocio el punto anterior.

_____

_____

_____

4. ¿Cuál es la importancia de mantener una rotación elevada de inventarios?

_____

_____

_____

5. ¿Qué conviene más, comprar o arrendar activo fijo? Fundamente su respuesta.

_____

_____

_____

6. Investigue, ¿qué se entiende por estructura financiera?

_____

_____

_____

7. ¿Qué importancia tiene el apalancamiento en el concepto anterior?

_____

_____

_____

8. ¿Qué conceptos integran el renglón de ventas en un restaurante?

_____

_____

_____

9. ¿Cómo afecta la inflación los costos de alimentos y bebidas?

_____

_____

_____

10. Formule un balance (estado de situación financiera) y un estado de resultados para un restaurante. Aplique las razones financieras que se estudiaron en el presente capítulo y emita sus comentarios y sugerencias.

_____

_____

_____

CAPÍTULO 4

EL RESTAURANTERO

EL RESTAURANTERO
COMO EMPRESARIO

Durante la segunda mitad del siglo XX, el pensamiento mercantil de la época se basaba en la idea de incrementar ventas, al mismo tiempo que controlar los costos y, por tanto, la maximización de las utilidades, olvidando con frecuencia las necesidades del consumidor. La premisa era: "Si un cliente no compra, otro lo hará". Por fortuna, las innovaciones tecnológicas y los avances científicos han originado modificaciones en la conducta del comprador y el empresario, que ha vuelto la mirada hacia el cliente, enfatizando la calidad de los servicios prestados en función de las expectativas del propio consumidor.

Esta tendencia en los negocios se observa con mayor frecuencia en el gremio restaurantero, ya que la calidad determina, en gran medida, por qué un cliente vuelve a un mismo establecimiento o, de forma contraria, por qué nunca regresa. Norma Sarquís afirma:

> Si el cliente recibe un trato indiferente, si el personal de servicio es descortés, poco atento o irrespetuoso, o bien, si el producto no corresponde a las expectativas generadas por la publicidad, ni la más cuantiosa inversión convencerá a los clientes insatisfechos de volver a comprar. Además, dichos clientes insatisfechos difundirán entre otras muchas personas sus experiencias negativas.[1]

Es natural que existan quejas en un restaurante, no obstante es necesario estar atento a ellas, ya que si se recibe alguna es porque el cliente está

[1] Norma Aída Sarquís Ramírez, *El servicio, el otro factor*, tesis profesional, Escuela Panamericana de Hotelería, México, 1992.

insatisfecho, y si no se atienden a tiempo el malestar perdurará en el ánimo del comensal.

Robert L. Desatnich[2] realizó una interesante investigación y detectó que 96 % de los clientes insatisfechos nunca se quejan del trato descortés o rudo que reciben, y que 90 % insatisfechos con el servicio recibido no vuelven a comprar o asistir al establecimiento; peor aún, cada uno de estos clientes descontentos relatará su experiencia negativa por lo menos a nueve personas, y, por último, 13 % de los ex clientes descontentos contará su historia a más de 20 personas.

La diferencia entre un restaurantero profesional y uno que no es profesional es la sensibilidad, sinceridad, actitud y habilidades. El gremio posee cualidades innatas, pero también existen muchas cosas que necesita aprender; entre otras, el conocimiento de las relaciones con su clientela, para lo cual debe establecer un sistema de retroalimentación que le permita elaborar un inventario de habilidades de servicio y, así, anticiparse a los deseos del comensal, es decir, estar siempre un paso adelante de él. William B. Martin[3] enumera las cinco necesidades básicas de quien asiste a un establecimiento de alimentos:

- Atención personal.
- Sentirse cómodo y relajado.
- Pertenencia.
- Sentirse importante.
- Reconocimiento.

Pregúntese si como propietario o responsable de un restaurante ha planeado sus objetivos en relación con tales necesidades y en qué porcentaje lo ha logrado. Es importante que al fijar los objetivos de la empresa tenga en mente que el servicio de calidad es una parte integral de la actividad gastronómica, no una extensión de la misma. Como dice Martin: "Nada es más importante para su restaurante que los clientes; sin ellos, su restaurante no podría existir".[4] Algunos ya lo han comprendido, otros no. Burger King lo entiende así y en sus establecimientos pregona que "si el cliente no está contento, él no volverá a ser un cliente en el futuro, y si él no es un cliente en el futuro, nosotros no tendremos una empresa en el futuro".

Es esencial por tanto, para el éxito de su negocio, que los clientes estén satisfechos, este tipo de clientela no solo regresa, sino que trae a sus amistades; Martin agrega: "La atención de calidad a clientes se aprende, no se

---

[2] Robert L. Desatnich, *Cómo conservar su clientela, el secreto del servicio*, Legis, México, 1989.
[3] William B. Martin, *Guía de servicios en restaurantes*, Trillas, México, 1991.
[4] *Idem.*

hereda. Así como dominar cualquier habilidad, el ser capaz de distinguirse en la atención a los clientes requiere práctica y experiencia. Cuanto más dé, más recibirá de ellos".[5]

Las razones de por qué es importante el servicio de calidad a clientes, se resumen, según el mismo autor, en tres grupos:

1. Los clientes han llegado a esperar un servicio de calidad. Hoy están mejor educados, tienen más experiencia y esperan más de lo que esperaban hace 20 años. Los clientes de los restaurantes esperan un servicio de calidad como algo natural. Si no lo reciben, no regresan.

2. La competencia exige que haya un servicio de calidad. Hoy existen más opciones que antes para elegir un restaurante. Para que perduren, la mayoría de los restaurantes se esfuerzan en proporcionar alimentos de calidad en un ambiente limpio. El elemento principal que separa los de mayor éxito de los demás es el servicio. El servicio de calidad a clientes les da ventaja competitiva.

3. La clave para el negocio de éxito es un servicio de calidad. Todo esto queda reducido a que su restaurante debe "distinguirse" en el servicio, con el fin de establecer una clientela fuerte y leal. El último análisis de mercadotecnia y de sentido común indica que el cliente es quien paga los salarios. Sin ellos no hay restaurante ni trabajo. El servicio de calidad a clientes es, en efecto, la clave para el negocio de éxito.

De todo lo anterior se infiere que los negocios de comida deben establecer estrategias de servicio al cliente y no solo limitarse a las tradicionales estrategias financieras y de operación; como expresa Sarquís:

> Creo que el servicio representa una verdadera ventaja competitiva, sobre todo en esta era en que cada vez más y más personal se dedica a trabajar en empresas de servicio gastronómico. La mayoría de los pronósticos de los economistas prometen, para el futuro previsible, un gran crecimiento a nivel mundial de este tipo de actividad por sobre la industria manufacturera.
>
> Creo que la importancia del factor servicio, y en este caso, de la actitud de servicio, merece el esfuerzo adicional que requiere el medir este cambio de actitud, ya sea a través de una supervisión cercana o de aplicación de cuestionarios que permitan a los empleados expresar libremente sus actitudes. Estas medidas, claro, implican un costo adicional, pero si las empresas invierten en remodelar, modernizar, pintar, en fin, cambiar su imagen externa, creo que la *remodelación* o *restructuración* de la forma de tratar a los clientes que tienen sus empleados bien vale la pena.[6]

[5] *Idem.*
[6] Norma Aída Sarquís Ramírez, *op. cit.*

Por tanto, para proporcionar un buen servicio parece ser que lo "único" que debe usted hacer es:

- Sonreír.
- Establecer contacto visual.
- Utilizar el nombre de las personas.
- Prestar atención a las necesidades del comensal.
- Utilizar un adecuado lenguaje corporal.
- Mantener un diálogo coherente.
- Demostrar que se acepta al cliente sin importar sexo y/o color.
- Demostrar respeto a sus colegas y la compañía.
- Ir bien vestido y desempeñar su papel.
- Estar tranquilo y seguro de sí mismo.

Como empresario, el restaurantero debe buscar la riqueza, y los medios para lograrlo están a su alcance, existen, están presentes; sin embargo, muchos aún no se han dado cuenta de que ellos poseen como característica innata la creatividad, la intuición; de que existe un mercado noble y, en la mayoría de los casos, los recursos para alcanzar el éxito deseado. Algunos establecimientos de venta de alimentos han aplicado con certeza las técnicas administrativas y se han colocado en el liderazgo del ramo, alcanzando y manteniendo una posición envidiable en el mercado. Pero para infortunio de la industria, son los menos, pues se carece de una infraestructura profesional que considere, entre otras cosas, una doctrina, un credo y un código de ética profesional, con principios y normas que rijan su conducta, sin limitar su campo de acción. Es necesario sentar las bases de una filosofía gastronómica, pues cuando los propietarios adviertan, como dice Gran, que "los empresarios son hombres superiores de la humanidad", se concientizarán de la magnitud de su obligación social, ya que ellos pueden ser considerados como colaboradores del Estado, generadores de fuentes de empleo; además cubren las necesidades de un gran segmento de la población y participan de manera considerable en la maquinaria económica. Desde luego, no existen dos empresarios iguales, pues cada uno tiene su propio estilo de administrar, y cada uno solucionará de manera distinta sus problemas.

Los empresarios con éxito afrontarán los problemas vislumbrados con anterioridad y harán uso de las herramientas idóneas, los demás los afrontarán conforme surjan, según sus capacidades.

¿Por qué algunos han alcanzado el éxito? En uno de sus apuntes, Ford explica parte de su filosofía: "El negocio se hace con los proveedores y los clientes, no con los empleados y los obreros". Él señala ocho puntos que contribuyeron al logro de sus objetivos:

1. Producción y venta en masa del producto o servicio.
2. El producto o servicio debe estar integrado por el menor número de piezas.
3. Investigación permanente.
4. Contar con el mayor número posible de vendedores en el menor terreno posible, y que gocen de excelentes comisiones.
5. Buscar siempre bajar el precio, vendiendo más número de unidades; es decir, ganar poco en muchas ventas.
6. Pagar siempre de contado a los proveedores y obtener rebajas por pronto pago.
7. Evitar el pago de intereses y reinvertir utilidades; tener socios, no préstamos.
8. Austeridad en todos los aspectos del negocio, menos en uno: salarios (Ford pagaba los mejores salarios).

No obstante su éxito extraordinario, su secreto es simple: él solo aplicó la fórmula "trabajo-organización-ingenio y visión", dictó sus propias pautas de acción y se condujo conforme a sus ideas.

El atractivo de las utilidades que ofrece la producción en masa tiene evidentemente un lugar entre los planes y estrategias dentro de la dirección de empresas, pero siempre debe ir después de un profundo estudio del consumidor. Esta es una de las lecciones más importantes que pueden derivarse del comportamiento contradictorio de Henry Ford. En cierto sentido, Ford fue a la vez el hombre del mercado más genial e insensato de la historia de América. Fue insensato porque rehusó darle al cliente otra cosa que no fuera un auto negro, y fue brillante porque diseñó un sistema de producción destinado a responder a las necesidades del mercado. En general, le alabamos por una razón indebida: su genio de producción, pero su talento verdadero fue el mercadeo. Consideramos que fue capaz de reducir el precio de venta y por tanto de vender millones de autos a 500 dólares, porque su invención de la línea de ensamble permitió reducir los costos; aunque de hecho inventó la línea de ensamble porque llegó a la conclusión de que podía vender millones de autos a 500 dólares. La producción en masa fue el resultado, mas no la causa de sus precios bajos.

Ford repetidamente hizo hincapié en este punto. Pero una nación de gerentes de negocios con enfoque centralizado en la producción se niega a escuchar la gran lección que Ford enseñó. He aquí su filosofía de actuación, tal y como él la explicaba con precisión:

Nuestra política es reducir el precio, aumentar las operaciones y mejorar el producto. Se darán cuenta que la reducción de precios es lo primero. No hemos considerado jamás ningún costo como fijo. Así pues, primero reducimos el precio hasta el punto en que creemos se producirán más ventas. Después nos ponemos a trabajar y tratamos de producir a ese precio. No nos preocupamos de los costos. El nuevo precio obliga a reducir los costos. La fórmula más común consiste en calcular los costos y luego fijar los precios, y aunque tal método puede que sea científico, en cierto sentido, no lo es en sentido amplio, porque, ¿qué utilidad práctica tiene el conocer el costo si este le dice que no es capaz de producir al precio al que el artículo puede venderse? Pero más relevante es el hecho de que, aunque uno pueda calcular el costo, y por supuesto todos nuestros costos están cuidadosamente calculados, nadie sabe cuál debe ser el costo. Una de las formas de descubrirlo [...] es fijar un precio tan bajo que obligue a todo el mundo a conseguir el más alto grado de eficiencia; el bajo precio hace que todo el mundo sude para producir utilidades. Utilizando este método forzado, nosotros hacemos más descubrimientos, con respecto a producción y ventas, que los que conseguimos utilizando cualquier método tranquilo de investigación.[7]

En nuestro medio, la industria gastronómica necesita, sobre todo, de la organización, es decir, de la coordinación de los recursos disponibles para lograr objetivos, analizar la trayectoria del negocio, estudiar su presente y considerar su potencial, así como detectar zonas neurálgicas (aquellas que requieren mayor atención) y tener en mente que la delegación de autoridad es importante para crecer.

La adecuada administración de bienes y recursos redundará sin duda en beneficios para el negocio, ayudando a controlar el endeudamiento a un nivel razonable en relación con su capacidad de pago y sus ingresos.

Es conveniente que el restaurantero maneje de manera eficaz las áreas de finanzas, recursos humanos y mercadotecnia, además de la producción; en pocas palabras: para hacer dinero se necesita dinero, hasta donde el negocio lo permita. El empresario no puede hacerlo todo y el consumidor no tiene la obligación de buscar un restaurante que no le ofrece atractivos.

Todo lo que refuerce la acción del restaurantero es bueno, y lo que la desestabilice es malo. Es fundamental elaborar un diagnóstico de la posición en que se encuentra el restaurantero como empresario, y administrar con base en la toma de decisiones razonablemente adecuadas.

Para ello se requiere un sistema de información financiera, la memoria de una empresa son sus archivos, y mientras mejor organizados se encuentren, la información será de mayor calidad. Así como un hombre que no tiene memoria es un hombre muerto, una empresa sin archivos difícilmente logrará sobrevivir, ya que sin una información sistematizada el control de la misma estará fuera de las manos del empresario. Desde el punto de vista financiero, el control no debe costar más de lo que se perdería sin él, pues en muchos casos se implantan sistemas complejos y costosos con el afán de controlar operaciones que no lo justifican, o bien dichos sistemas no son los

---

[7] Henry Ford, *My life and work*, Doubleday, Page & Company, Nueva York, 1923.

adecuados o el factor humano que los opera no está capacitado y compenetrado en la problemática del restaurante. La participación del personal en un sistema influye de manera considerable en el costo del mismo. Ricardo de la Fuente trató el problema organizacional como sigue:

> En las empresas de todo el mundo, cualquiera que sea el país y el sistema socioeconómico, el elemento más difícil de manejar es el humano, en razón de una idiosincracia casi particular y leyes que pretenden ser altamente proteccionistas al trabajador, pero que lo hacen poco productivo y difícil de manejar por la distorsión de las ideas en manos de líderes sindicales y empresarios poco escrupulosos.[8]

Por otro lado, nuestra calidad de país en vías de desarrollo nos presenta un cuadro empresarial que también muestra características especiales, en donde un sinnúmero de empresas pequeñas –en su mayoría de tipo familiar– compiten entre sí tratando de crecer y, en ocasiones, aun de sobrevivir. De estas empresas surgen otras medianas y de cierta importancia que, al crecer, se van organizando administrativamente de forma desordenada y casi intuitiva, hasta llegar a un límite en el cual se ven detenidas debido a la incapacidad de sus dirigentes para delegar autoridad y responsabilidades dentro del desorden que ellos mismos han forjado. Así, es común ver en nuestro país empresas que tras haber llegado a niveles altos de éxito, técnico y económico, en manos de una o dos personas que las han administrado bien durante años, de pronto, sin que ni ellos mismos puedan explicárselo, se ven detenidas e incluso lanzadas a la quiebra cuando tratan de mantener su ritmo ascendente. Ante esta desconcertante situación, los empresarios crean una serie de áreas administrativas con las cuales pretenden dividir el trabajo; sin embargo, aun cuando señalan tareas específicas e intentan delegar su dirección, acaban por tomar directamente el mando con las lógicas consecuencias del caso: logran solo incrementar el número de empleados administrativos y seudoejecutivos que, al no ejercer una verdadera autoridad, se dedican a "mantenerse vivos en su puesto".

En la creación de empresas y su desarrollo, una de las tareas más difíciles es convertir a una empresa chica en mediana, y la labor más fácil es convertirla de mediana en nada.

Es indudable que la industria gastronómica adolece de mucho de lo antes mencionado; ha edificado su propia casa sobre cimientos débiles, como el propio de la Fuente dice: "bajo el mecanismo de prueba y error".

¿Debe el restaurantero continuar comulgando con esta actitud?, ¿seguirá la industria creciendo de forma desordenada?, ¿cuál es el papel del restaurantero ante tal situación? Estas son algunas de las tantas interrogantes que solo los miembros del gremio podrán contestar.

---

[8] Ricardo de la Fuente, *Organización administrativa de las empresas*, ECASA, México, 1984.

FILOSOFÍA DE SERVICIO

Tratar de transferir el pensamiento administrativo como concepto filosófico de una entidad económica expresado en términos de servicio no resulta tarea fácil, con el agravante de que en un medio como el restaurantero, los recursos humanos, casi siempre carecen de preparación adecuada en los niveles básicos; estos, con tal capacidad, son los que entablan contacto entre el establecimiento y el comensal, y en la mayoría de los casos el único punto de relación con la clientela.

Cumplir con los derechos del consumidor se vuelve aún más complejo toda vez que la idea de atención y servicio pertenece al mundo de los sentimientos, arrojando como resultado una mezcla de hechos concretos y una placentera satisfacción del todo subjetiva.

Toda empresa gastronómica que desee mantenerse en un mercado competitivo no solo debe contar con los recursos necesarios que la lleven al logro de sus objetivos o mantener un nivel de conocimientos de producción, financieros, mercadológicos, de personal y operativos, sino además debe expresarse un credo que manifieste el propósito social del negocio, valores de la empresa, examen del ambiente y perfil de la competencia. Al planear la estrategia financiera que se va a seguir es necesario establecer la forma particular de hacer las cosas, es decir, el modo de actuar que distingue un establecimiento de otro; ¿qué diferencia pudiera existir entre una cafetería y otra, si ambas venden lo mismo, a precios similares?, lo distintivo está en el pensamiento que da origen a la acción, es decir, a la filosofía de servicio.

La restaurantería, como prestadora de servicios, ha logrado algunos avances al respecto, en especial las negociaciones líderes del gremio; ellas han plasmado su filosofía de servicio, tratando de involucrar al personal en los valores corporativos. McDonald's inculca a sus jóvenes empleados los conceptos de: cliente, servicio, limpieza y valor. En el decálogo llamado "Los diez mandamientos de la relación con el cliente", establece con claridad lo que desea para el consumidor que los visita:

1. Es la persona más importante en nuestro negocio.
2. El cliente no depende de nosotros, nosotros dependemos de él.
3. No interrumpe nuestro trabajo; es el propósito del mismo.
4. Nos honra con su visita, no le hacemos el favor.
5. Es una parte de nuestro negocio, no es un extraño.
6. No es una cifra en estadística, es un ser humano.
7. No es contrincante para pelear o discutir.
8. Es una persona que nos trae sus deseos, nuestro trabajo es satisfacerlo.

9. Merece el trato más cortés y atento que podamos darle.
10. Tiene derecho a esperar del empleado un aspecto limpio y aseado.

Día a día penetra en la conciencia del restaurantero la importancia que el cliente representa para el negocio, pues es claro que las utilidades se generan en función del servicio proporcionado (fig. 4.1).

La prestigiada cadena restaurantera Sanborns Hnos., ha tratado de concientizar a su personal con la filosofía de servicio y la plasma en un documento llamado "Mensaje para el personal de alimentos y bebidas":

Muchos negocios hacen ventas con el objetivo de ganar utilidades, nosotros también debemos hacerlo, pero además, con la intención de cumplir con los derechos y la satisfacción de nuestra clientela.

1. Cada uno de nuestros clientes tiene el derecho de recibir calidad en el servicio y en la comida.

- Ellos quieren la misma calidad y servicio todos los días.
- Ellos quieren ese mismo servicio y calidad a cualquier hora que nos visitan.
- Ellos quieren calidad y servicio, y es su derecho por lo que pagan.
- Calidad es también el primer mandamiento de todos los que trabajamos en Sanborns; sin esta calidad iremos moral y físicamente a la quiebra.

En Sanborns no tenemos ninguna intención de romper ese mandamiento; nuestra meta es que con la ayuda y el trabajo en equipo de nuestra gente, alcancemos mejor calidad y mejores resultados que cualquier otro negocio competidor. Es un reto ambicioso pero muy alcanzable si todos nos dedicamos a ello.

2. Cada uno de nuestros clientes tiene el derecho de recibir un trato amable, honesto, así como llevarles a su mesa alimentos de calidad en un tiempo razonable.
3. Nosotros tenemos derecho a sentirnos satisfechos con nuestro trabajo. Esta satisfacción se obtiene a través de un trabajo bien realizado, y lo que nos permite recibir elogios y buenos comentarios por parte de nuestros clientes y jefes:

- Se obtiene al aplicar los frutos de nuestro esfuerzo en el sostenimiento de nuestras familias y al proporcionarles una vida digna.
- Se obtiene al dejar satisfechos tanto a clientes nacionales como extranjeros y logrando que nos recomienden como un buen restaurante.
- Se obtiene al poder contar con nuevas unidades que ofrecen oportunidades de trabajo para nuestras familias y otras familias mexicanas.

La imagen de los restaurantes a los que se acostumbra asistir es positiva en la mayor parte de los aspectos evaluados, con tres notorias excepciones: 92 % le dan la impresión de que cobran de más, 60 % piensan que no tienen meseros bien capacitados, y 38 % afirman que no les hacen sentirse importantes.

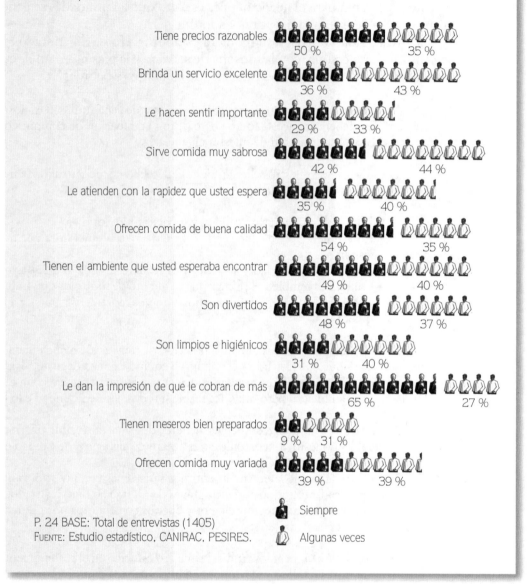

P. 24 BASE: Total de entrevistas (1405)
Fuente: Estudio estadístico, CANIRAC, PESIRES.

Figura 4.1. Imagen de restaurantes a los que se acostumbra asistir.

En referencia a la cultura de calidad en la industria restaurantera Ángel Rivas Lamadrid opina lo siguiente:

…estos son los tiempos en que el mundo se hace más pequeño y que los comensales exigen más.

Las personas asisten, recomiendan y regresan a un restaurante con base en la satisfacción que obtienen. Los dueños del lugar deben observar la calidad que ofrecen, para el tipo de mercado al que quieren llegar.

Al igual que cualquier giro, existen estándares de calidad en la industria para clientes y empleados. Recetas, procesos, alimentos y servicio ya tienen en la actualidad, normas y especificaciones por cumplir.

Para mejorar la calidad se proporcionan las siguientes recomendaciones:

- Antes de abrir, debe planearse el tipo de restaurante, la ubicación, el horario y la comida que va a servirse.
- Satisfacer al cliente al que se quiere llegar.
- Los dueños de un restaurante deben ser los primeros en recibir y atender al cliente.
- Establecer el precio de los platillos y bebidas con base en el costo y tiempo de los procesos para su elaboración.
- Reducir costos por medio de la productividad de los empleados y la mejora de los tiempos en los procesos de elaboración de alimentos.
- Es conveniente mantener el mismo menú, ambiente y diseño para que los clientes siempre lo identifiquen.
- La calidad proviene de la competencia con similares y consigo mismo.
- Se debe definir, controlar y mejorar.

En estos tiempos que la competencia lucha por ganar terreno, la filosofía de servicio ocupa un lugar preponderante dentro de las estrategias financieras; un cliente satisfecho representa para el restaurante un activo que a la vez genera nuevas utilidades en forma aritmética, mientras que un excliente insatisfecho constituye una mala imagen que se refleja en pérdidas en forma geométrica.

Si es usted propietario de un restaurante no descarte la idea de la filosofía de servicio, recuerde el siguiente pensamiento:

Obtenga la confianza del público y no tendrá dificultad para que se convierta en su cliente. El espíritu de servicio genuino debe inspirar su fuerza. Estimule todos los gestos del espíritu verdadero, muestre y dé publicidad a mercancías que los clientes comprarán sabiendo por qué lo hacen; trátelos como huéspedes cuando llegan y se van, ya sea que consuman poco o mucho. Déles lo que justamente puede dar, de acuerdo con el principio de que, el que da recibirá. Tenga presente que la calidad se recuerda tiempo después que se ha olvidado el precio.

A manera de exhortación, se presenta el método de Bernard Gittelson[9] para alcanzar el éxito:

- Elimine las tendencias negativas que lo detienen.
- Las ideas son el germen del éxito; búsquelas.
- El mundo está lleno de posibilidades; busque necesidades colectivas por satisfacer.
- Sus intereses pueden ser también los de los demás. La investigación de mercados empieza en la reflexión.
- Vea las cosas desde un ángulo distinto. Dé una nueva solución a los problemas de siempre.
- Establezca contacto con las personas que pueden beneficiarse con su idea.
- Las relaciones adecuadas pueden ser vitales para el éxito de sus proyectos.
- Un proyecto al que se le presta todo el interés tiene doble posibilidad de éxito.
- Sepa llegar a la persona correcta con el mensaje justo, expresado de manera adecuada.
- Una vez en marcha, siga adelante. La última barrera es el temor al éxito.

CULTURA ORGANIZACIONAL

Cada empresa restaurantera, como toda entidad, presenta una forma peculiar de comportamiento, a esta manera de ser y actuar se le conoce como "cultura organizacional". La nueva cultura organizacional se define como "la forma como se hacen las cosas por aquí". En lenguaje formal es la colección de las normas de comportamiento más importantes, las reglas no escritas que condicionan la forma como la gente logra que se hagan las cosas y que se relaciona con los demás en la organización y con quienes forman parte de ella.

Ningún cambio estructal de estrategias corporativas revisadas o nuevas, políticas o sistemas, tendrán éxito en transformar a la organización si las reglas no escritas que gobiernan el comportamiento de la gente no fuesen también puestas a prueba, al cuestionamiento para que en su lugar, se coloquen otras.

[9] Bernard Gittelson, *El secreto del millón de dólares*, Compañía General de Ediciones, México, 1985.

Para ejemplificar la cultura organizacional existen dos casos en México dignos de ser analizados. Cada uno se maneja bajo la clasificación de restaurantes 1 y 2. Estas organizaciones se encuentran estructuradas en cadenas de restaurantes distribuidos en todo el territorio nacional. La primera de ellas tiene en su logotipo el nombre de los dueños originales del consorcio, tres búhos en color rojo y el emblema (Sanborns), la segunda posee un logotipo en forma de flor estilizada color naranja (Vips). Al primer caso lo denominaremos como restaurante 1 y al segundo como 2.

El restaurante 1 no nace con la finalidad expresa de proporcionar este servicio, sino como el resultado de la expansión de sus actividades; la actividad original fue la de farmacia (fundada en 1903). Con el paso del tiempo y el crecimiento de sus operaciones se extendió a otros rubros como venta de regalos, dulcería, bares, venta de libros, joyería y aparatos electrónicos. Para 1907 el crecimiento de las actividades comerciales precisaba de un local más grande. En 1919 y tras el éxito obtenido por ese negocio, se trasladaron a lo que hoy se conoce como la Casa de los Azulejos; que en aquel tiempo contaba con los departamentos de farmacia, regalos y novedades, y un elegante salón de té: y cambia su razón social. Esta cadena hoy cuenta con 100 establecimientos.

Para comenzar a definir la cultura organizacional del restaurante 1 es pertinente definir la ambientación que lo identifica para establecer los modos de vida, las costumbres, los sistemas, los métodos y las técnicas. Los modos de vida pueden definirse a partir del servicio prestado. Al arribar a sus establecimientos se da inicio a un rito, caracterizado por la interpelación de algún jefe o jefa de piso que pregunta por el número de comensales; con los menús en la mano se dirige hacia la mesa que asignará a sus clientes, dependiendo de la sección que solicitaron.

Una vez instalados, el personal del bar los aborda de inmediato, preguntando si desean beber algún aperitivo. Lo anterior da la idea de que alguien espera al cliente, no que lo presiona para forzar su consumo. En caso de solicitar alguna bebida, se anota la demanda del cliente; más tarde arriba la vendedora de alimentos, alguien tomará nota de los platillos ordenados por los comensales en una comanda con motivos en color beige, café y rojo. Una vez consumidos los alimentos, la vendedora procede a calcular el total de la cuenta y a solicitar el pago en la caja. Ya en la caja se liquida el importe, si es en efectivo, se genera el recibo correspondiente; si es con tarjeta de crédito, se genera el *voucher*, la autorización y el recibo correspondiente. Si la atención no fue adecuada se le pide al cliente que escriba su queja en el libro destinado para tal efecto en donde se solicitan sus datos personales y el motivo de su queja.

Como parte del ritual están los objetos que intervienen: los servicios de cubiertos se encuentran colocados, los manteles de tela blanca, los platos y tasas de apariencia oriental esperan a ser tomados por los clientes y dar inicio al rito. Otros factores son la decoración que responde a un rescate de la tradición mexicana con pisos de ladrillo e incrustaciones de talavera, muros divididos en lambrín, los remates en los muros de color caoba y la iluminación que invita a evocar cierto grado de intimidad. Las mesas son de color caoba y en su parte superior muestran, además de los utensilios, un pequeño florero azul –aparentemente fabricado mediante la técnica de vidrio soplado– que contiene claveles. Adicionalmente se encuentra un tríptico de plástico con publicidad o alguna oferta de temporada.

Las vendedoras (cambiando su estatus diferenciándolas del de meseras) visten un atuendo que busca también recuperar aspectos tradicionales de la República Mexicana. Diversos tonos conjugados sobre tela blanca, en faldas largas, blusas blancas con encajes y un tocado y zapatos bajos blancos. Las vendedoras son de edad madura.

El menú o carta muestra los listados de los platillos que ofrecen y presenta en la portada la copia de una litografía de la Casa de los Azulejos, quizá correspondiente a su estado físico en los años 1903 o 1907. En la parte superior interna de la carta se muestra una fotografía del primer cuadro de la Ciudad de México. Motivos, dibujos y texto se presentan en color sepia sobre fondo beige o rosa, destacando los títulos en color rojo. También hay sugerencias del *chef*, las cuales se presentan físicamente bajo la modalidad de *buffete*, aunque solo se sirven porciones a través de la vendedora y en una ocasión. El orden en que se presentan los platillos responde a los tiempos que el comensal desee efectuar como parte de su rito culinario.

El restaurante 2 cuenta con más de un centenar de unidades y tiendas. El rito se presenta de manera diferente: en primer lugar existe un *podium* en el cual se encuentra un libro de registro. El jefe de piso (de quien aparece fotografía y nombre) pregunta el número de personas, el nombre del cliente en turno y la sección que desea y los anota. No indaga sobre el tipo de mesa que se desea, que puede ser gabinete o una mesa para cuatro comensales.

Una vez revisada la fila de espera, menciona el nombre del cliente siguiente a viva voz o a través de un sistema de altoparlantes y micrófono, dependiendo del que se encuentre instalado en el establecimiento. Posteriormente toma los menús y le indica al cliente la sección y lugar donde será colocado, o le pedirá que siga a otro compañero que le hará las mismas indicaciones.

Ya instalado el cliente, llega la vendedora, quien con una amable sonrisa indicará su nombre y colocará los objetos propios para realizar el rito culinario. Los manteles son de papel y con diversos motivos, incluso juegos de mesa para que el cliente no se desespere mientras se preparan sus alimentos. Posteriormente la vendedora continúa atendiendo otras mesas, mientras da oportunidad a los clientes para que seleccionen sus alimentos. La mesa cuenta con un tríptico de plástico con los platillos u ofertas de estación.

Una vez hecha la selección, la vendedora anota la solicitud del ciente en un *check* color naranja y la proporciona al *chef* para que proceda a su elaboración. A continuación, la mesera coloca una cesta de mimbre con pan y galletas y una pequeña taza con salsa mexicana. Una vez entregados los platillos y consumidos los alimentos, la vendedora elabora el total de la cuenta en el *check*, al cual anexa un pequeño resumen impreso en láser e indica que queda a "las órdenes del cliente si algo más se le ofrece". El cliente liquida su cuenta en la caja. Como parte del ritual la cajera pregunta "si fue bien atendido", en caso negativo tan solo dice "usted disculpe" y en algunos casos solicita que su queja la efectúe por escrito en el libro destinado para tal efecto. Si el pago es en efectivo, se genera el recibo correspondiente; si es con tarjeta de crédito la cajera pregunta si "se cierra la cuenta" o se agrega propina. A continuación se solicita la autorización; se genera el *voucher* y el recibo correspondiente.

Aquí los objetos que intervienen tienen un marcado sesgo modernista y con un estilo definitivamente estadounidense. Los colores predominantes en la ambientación del restaurante 1 eran el rojo, el café, el beige y el blanco. Quizá esta combinación de colores respondía a la idea de que la psicología difundía sobre la reacción que povocan en el ser humano al incitarlo a comer. Hoy el concepto parece cambiar a que predominen los tonos pastel con combinaciones de verdes, violetas y blanco.

La ambientación se basa en gran medida en el aprovechamiento de la luz natural, combinada con el empleo de grandes cristales, plantas y pinturas modernistas. Las lámparas también son de corte moderno. Las vendedoras tienen varios puntos de abasto conocidos como "islas", ahí se surten de la mayoría de los consumibles (café, hielo, agua, servilletas, etc.). Sus uniformes son de dos colores: rosa y verde, en combinaciones con el color blanco, los peinados son modernos y sus faldas cortas. La mayoría de las vendedoras son jóvenes.

Las mesas son de dos tipos: gabinetes y para cuatro comensales, estas últimas en la mayoría de los casos son de mimbre con asientos acojinados de color rosa. El menú presenta diversas fotografías de los platillos que ofrecen para su consumo. Los colores predominantes son el rosa o el beige. Existe una sección dentro de la carta que incorpora platillos saludables, esto es una novedad con respecto a otros restaurantes. La presentación de los platillos es en el orden de los tiempos que el comensal desea. También existen sugerencias del *chef* y menú dietético o del día. A manera de conclusión se presentan los resultados del análisis en el siguiente cuadro comparativo.

Cultura organizacional de dos restaurantes

Categoría de análisis	Restaurante 1 (Sanborns)	Restaurante 2 (Vips)
1. Servicio desde	Nace a principios del siglo XX, inicialmente vendía medicinas y poco a poco extendió sus servicios. Actualmente ofrece otros servicios, como pastelería, farmacia, libros, discos, joyería y bisutería, juguetes y video	Nace en la segunda mitad de la década de 1960 como restaurante y, actualmente, en algunas sucursales, cuenta también con tienda, farmacia, libros, discos, dulces, entre otros
2. Imagen de los gerentes ante el usuario	Al llegar, el gerente solamente pregunta el número de personas y la sección en la que el usuario prefiere que se le atienda	Antes de que el gerente reciba a los clientes puede apreciarse una fotografía con su nombre
3. Imagen del inmueble	En su mayoría cuenta con mesas de madera, y en algunos casos herrería. Se recupera la imagen de la vestimenta tradicional de México El decorado es colonial, aunque en algunas sucursales pueden apreciarse colores un tanto más modernistas o plafones que no forman parte de este estilo	En su mayoría cuenta con gabinetes para dos, cuatro o más personas En las paredes se aprecian litografías y cuadros modernistas. Lejos de predominar una imagen mexicana, se asemeja a un restaurante de cualquier hotel estadounidense
4. Alumbrado	En general la luz suele ser artificial, no muy intensa, caracterizándose por ubicar sus restaurantes en inmuebles cerrados con una mayor proporción de espacios cerrados y pocos ventanales que permitan la luz natural	Se utiliza luz natural, gran parte del restaurante se integra al área mostrando su interior ya que cuenta con grandes ventanales
5. Colores	Tanto en las mesas como en las paredes de los inmuebles se encuentra el color café con verde, o café con beige, o café y azul. Predomina el mobiliario de madera	Han cambiado los colores predominantes en los años setenta y ochenta, que eran café, anaranjado y rosa, por los tonos pastel, morado y verde

6. Arreglo de las mesas	Al llegar se encuentra la servilleta de tela, los cubiertos y el servicio para café o té en cada lugar. En cada mesa se encuentra un florero pequeño con flores naturales	De acuerdo con el número de personas que llegan se dispone de igual número de servicios en la mesa. Los manteles son de papel, y no cuenta con flores naturales
7. Trato del gerente	El gerente entrega la carta, explica las características de la sopa del día y alguna particularidad de las sugerencias del *chef*	El gerente entrega la carta, explica las características de la sopa del día y recomienda algún platillo
8. Carta o menú	La carta en tres colores es muy sobria, no cuenta con fotografías de la comida, solo del inmueble donde se inició el primer servicio de su tipo	La carta cuenta con fotografías de diversos productos a todo color, además de incluir fotografías de los ingredientes principales con los que se preparan los alimentos en ese restaurante
8.1. Tipos de comida que ofrecen	Ofrecen platillos mexicanos, desayunos, comidas y cenas, hay una sección para niños y se incluye el cálculo de calorías de algunos platillos	La carta cuenta con una sección de platillos para niños, desayunos y platillos a la carta, cuenta además con comida baja en calorías y en colesterol, ofrece una gama de platillos mexicanos
9. Presentación de las meseras		
9.1. Edad	Predominan las meseras de entre 30 y 45 años	Predominan las meseras de entre 19 y 35 años
9.2. Uniforme	Falda larga de colores y blusa con escote	Falda y blusa colores verde claro y blanco
9.3. Trato	Es cordial y amable como de alguien a quien se conoce hace tiempo	El trato es impersonal y rápido, dando la imagen de eficiencia
10. Vajilla	Se utiliza vajilla de cerámica azul y blanco con figuras que las hacen parecer de porcelana china auténtica	Se utiliza una vajilla normal tratada para incluir la calcomanía con el logotipo de la empresa

Cultura. (*Continuación.*)

Categoría de análisis	Restaurante 1 (*Sanborns*)	Restaurante 2 (*Vips*)
11. Presentación de los platillos	Las porciones suelen ser pequeñas y de presentación agradable, aunque no siempre igual de una sucursal a otra; es decir, no existe una estandarización completa de los platillos	Porciones abundantes y la misma presentación de los platillos en sus diferentes sucursales
12. Postres	Todos los postres se le llevan hasta la mesa al cliente, explicándole los nombres e ingredientes principales de cada uno	Se enumeran los postres con los que se cuenta, que son los mismos listados en la carta
13. Respuesta a las reclamaciones del servicio prestado	Se ofrece una disculpa al cliente, minimizando el problema y pasando a otros asuntos	El gerente se disculpa y el *chef* personalmente va hasta la mesa a ofrecer una disculpa al cliente
14. Evaluación del servicio	Al pagar se le pregunta al cliente cómo lo atendieron y tienen un libro para sugerencias	Al pagar se pregunta al cliente acerca de la atención y cuentan con un libro de sugerencias. Se hace un uso alternativo de las comandas, que tienen una impresión en el reverso en la que se hace una evaluación de los servicios prestados por la mesera para premiar a la mejor del año
15. Logotipo	Se conserva el logotipo tradicional de los orígenes de este establecimiento desde principios del siglo xx: el de un ave que se utilizaba en establecimientos que vendían medicamentos	Se trata de una flor de un solo color y un tanto estilizada
16. *Slogan* o lema del servicio	Habla de la exclusividad que ofrece el establecimiento ya que lo que "usted quiere" lo encuentra solo en este lugar	Menciona que lo más importante para la empresa es servir al cliente, es decir, prestar un servicio de primera
17. Valores	Tradicionales	Modernistas

18. Discurso	Formal	Informal
19. Objetos	Sobrios con cierto aire oriental	Diseños modernos con un estilo propio
20. Estilo	Hacienda tradicional mexicana	Cafetería estadounidense

Los 10 mandamientos de la atención al comensal

1. El comensal por encima de todo.
2. No hay nada imposible para la entidad restaurantera cuando se quiere.
3. Cumple como empresario todo lo que prometas.
4. Solo hay una forma de satisfacer al comensal, ofrece más de lo que espera.
5. Para el comensal, tú marcas la diferencia.
6. Fallar en un punto, significa fallar en todo.
7. Un empleado insatisfecho genera clientes insatisfechos.
8. El juicio sobre la calidad del servicio lo hace el cliente, no tú.
9. Por muy bueno que sea un servicio, siempre puede mejorarse.
10. Cuando se trata de satisfacer al cliente, todos tenemos responsabilidad de ello.

Código de Ética de la Asociación Mexicana de Restaurantes

1. Considerar al cliente como base del negocio y tratarlo con justicia.
2. Suministrar exactamente los productos que correspondan al nombre específico en los menús y listados, sin alterar calidad ni cantidad, exhibiendo el listado de precios a la entrada.
3. Presentar las cuentas que reflejen el importe correcto del consumo y servicios correspondientes.
4. Servir los alimentos y bebidas en perfecto estado y observar las medidas de seguridad e higiene que tiendan a garantizar la salud de los clientes.
5. Velar, con apoyo en las disposiciones legales, para que no se produzcan en los establecimientos hechos contrarios a la moral.
6. Promover la venta de artículos elaborados y distribuidos dentro de las normas de ética, que rigen los principios de la asociación.
7. Aceptar la libre competencia como base de su propio desarrollo, así como no difundir conceptos que lesionen los intereses de otros socios.

8. Proporcionar a sus trabajadores los beneficios que la ley otorga y los medios necesarios que les permitan, con el crecimiento de los negocios, alcanzar una constante superación y un mejor nivel de vida.
9. Oponerse a todo tipo de clasificación de los restaurantes, en relación con la calidad de su cocina y el servicio que ofrecen, basada en apreciaciones subjetivas de individuos, empresas, instituciones o autoridades.

Empresarios, administradores temporales de la riqueza: Slim

Carlos Slim afirmó que: "los empresarios somos administradores temporales de la riqueza, nadie se lleva nada, porque esa riqueza se queda para la sociedad [...] Hasta el que creó riqueza y no la manejó con responsabilidad social no se la lleva, la deja ahí, y esa riqueza se queda para la sociedad como una parte importante de la formación de capital".

Al participar en el foro empresarial previo a la VII Cumbre de las Américas, el segundo hombre más rico del mundo expuso que lo que es importante es que el fruto de esa riqueza, que es el ingreso del trabajo, pueda dar lugar a una mejor distribución del ingreso. Y una mejor distribución del ingreso se da a través de salario, de los impuestos que pagamos y de lo que los empresarios podemos hacer sin fines lucrativos en ámbitos como la educación y la salud.

Slim se presentó ante hombres y mujeres de negocios del continente para hacer una exposición de los nuevos paradigmas de la sociedad, que en su opinión son los servicios, la terciarización y la era digital, así como la globalización, la productividad y la innovación. El empresario mexicano afirmó que este "cambio civilizatorio" también va a crear muchas crisis, la principal es el desempleo, porque ahora hay máquinas más rápidas y tecnologías más anchas. El reto es que el cambio se conduzca adecuadamente para evitar afectaciones sociales, a decir del presidente de la Fundación Carlos Slim Helú, quien añadió que la única forma de combatir la pobreza y salir de ella es con el empleo, proporcionándole a las personas de manera oportuna lo que reclamen y necesiten.

Al final, llamó a los hombres y mujeres de negocios presentes a ser mucho más activos en la generación de empleos y en la formación de capital humano, así como a multiplicar su actividad empresarial, ya que para él, a partir de los nuevos paradigmas en el mundo, estamos siendo testigos de avances no imaginables hace algunos años. Aseguró que una sociedad conectada tiene como efecto inmediato el conocimiento universal al afirmar: "Dicen que antes del siglo XX el conocimiento se duplicaba cada 100 años, y hoy se dice que se duplica cada 13 años".[10]

[10] Sección Negocios, en *El Financiero*, 10 de abril de 2015.

CUESTIONARIO DE CONTROL

1. Exprese el concepto de misión.

_____

_____

_____

2. De los diversos tipos de restaurantes, ¿cuál sería en su opinión el que mayor rentabilidad arrojará para la siguiente década?

_____

_____

_____

_____

3. ¿Cuál piensa usted que será el futuro de los restaurantes formales?

_____

_____

_____

_____

4. ¿Qué necesidades básicas impulsarán a las personas para salir a comer en el próximo lustro?

_____

_____

_____

_____

5. ¿Qué piensa usted de la diversificación del negocio restaurantero?

_____

_____

_____

_____

6. ¿Cuáles son las fuerzas y debilidades del gremio restaurantero?

_____

_____

_____

7. Elabore un bosquejo de código de ética de los restauranteros.

8. ¿Qué atractivos adicionales al servicio y la comida ofrecería usted en un restaurante tipo cafetería para atraer mayor clientela?

9. ¿En qué aspectos importantes capacitaría a su personal en las áreas de mercadotecnia, finanzas, recursos humanos y producción?

10. Defina el concepto de "servicio y calidad". ¿Por qué es importante para la industria restaurantera?

Paul Bocuse: la innovación y el director

En la cocina, como en muchas actividades, sobre todo empresariales, el nombramiento del director no se obtiene mediante título escolar, es un reconocimiento, pero no otorgado por un certificado.

Tomemos como ejemplo a Paul Bocuse. Existen pocos *chefs* en Francia tan conocidos como él, quizá porque fue nombrado el *chef* del siglo por el

Culinary Institute of America en 2010, o porque es descendiente de una familia de *chefs* que datan de finales del siglo XVII, o tal vez porque a sus 83 años aún trabaja en la cocina, o es probable también que sea debido a que el restaurante ubicado en Lyon, Francia, que lleva su nombre mantiene la prestigiosa distinción de tener tres estrellas Michelin desde hace 48 años.

Bocuse nació en 1926, a los 16 años ingresó como aprendiz de Claude Maret en el restaurante de la *Soierie de Lyon*. Cuando tenía 18 años se enroló como voluntario en la Resistencia Francesa, y al ser herido en Alsacia, se sumó a los estadounidenses y participó en el desfile de la victoria de París en 1945.

Al final de la guerra continuó su aprendizaje en prestigiosos restaurantes, y a partir de 1959 hizo mundialmente famoso el antiguo restaurante de su familia, caracterizado por una cocina natural que considera la comida dietética.

Nouvelle cuisine (la nueva cocina)

En gastronomía también hay innovación. La *nouvelle cuisine* surgió como un enfoque diferente en la preparación y presentación de alimentos. Este estilo surgió en la década de 1970, sus pioneros fueron Bocuse, los hermanos Troisgros y Michel Guérard, y se fundamenta en platos más livianos y delicados, sin salsas pesadas ni vegetales cocidos en exceso.

La presentación y el atractivo visual son fundamentales en la *nouvelle cuisine*, por eso dejó de delegarse la tarea de la presentación de la comida y los platos se sirven y preparan desde la cocina.

Evolución

Aunque la *nouvelle cuisine* fue considerada un desvío radical respecto de la cocina clásica, hoy ya no tiene esa misma percepción revolucionaria, pues fue remplazada por la cocina posmoderna o "cocina molecular" de *chefs* como Ferran Adrià.

La evolución del *chef*: de cocinero a director

Quizás uno de los principales aportes de Paul Bocuse haya sido el que un cocinero destaque y se convierta en *chef* (jefe, en francés). Es cierto que en la década de 1950 había algunos *chefs* famosos y admirados, pero la mayoría de los restaurantes eran dirigidos por sus dueños, mientras que el *chef* era un trabajador. Bocuse cambió este enfoque, sacó al cocinero de la cocina y lo hizo diseñar no solo el menú, también el restaurante, el decorado, el tema, etc. Este cambio permitió que se empezara a hablar de los *chefs* como directores del restaurante.

Así comenzó a surgir la "cocina de autor", entendida como la expresión artística de determinado *chef*, lo cual permitió a este convertirse en director, con las características de cualquier director de empresa, tomando los roles de estratega, constructor de la organización y operador, buscando obtener un buen crecimiento con utilidades y, sobre todo, con visión de síntesis, de la mayor importancia en un buen director.

Y es que, como afirma Javier González, director de la Culinary Art School de Tijuana: "el chef no es un título que otorgue una escuela, es más bien un título que otorgan los clientes y los pares"; en efecto, más que un título, es un reconocimiento (bueno, ser director de una empresa tampoco es algo que se obtenga mediante un título escolar...).[11]

[11] Carlos Ruiz González, Sección Negocios, en *El Financiero*, 26 de julio de 2013.

ANEXOS

ANEXO I. LOS DERECHOS
DEL CONSUMIDOR

En el siglo XX, con la gran depresión en Estados Unidos, surgieron las primeras manifestaciones de los consumidores contra la especulación y en demanda de un control de precios. En la primera mitad de ese siglo se organizaron movimientos de consumidores que exigían protección y derechos, y fue hasta la segunda mitad que estos derechos empezaron a ser reconocidos de manera formal.

A la fecha existen normas jurídicas nacionales e internacionales que defienden a los consumidores. Entre las leyes internacionales destacan la Carta Europea de Protección de los Consumidores, publicada en 1973, que fue el primer documento que reconoció el "derecho de los consumidores a organizarse en asociaciones y a ser representados", y les ofreció protección. Ese mismo año se creó el Comité Consultivo de los Consumidores.

Más tarde fue creado el Programa Preliminar para la Comunidad Económica Europea, con una política de información y protección para los consumidores. Además, en la Organización de Naciones Unidas se establecieron en abril de 1985 las Directrices para la Protección al Consumidor, y con ellas fue creado el marco en que se fundamentan los derechos del consumidor que México reconoce.

En México los consumidores están protegidos por la Ley Federal de Protección al Consumidor, que en su primer artículo reconoce, como principios básicos de las relaciones de consumo:

- La protección de la seguridad, vida y salud del consumidor.
- El derecho a la educación y divulgación.

- El derecho a la información.
- El derecho a la efectiva prevención y reparación de daños.
- El acceso a órganos administrativos.
- El derecho a la protección de los intereses económicos del consumidor.

Con base en esta ley, la Profeco reconoce al consumidor siete derechos: a la información, a elegir, a no ser discriminado, a la protección, a la educación, a la seguridad y calidad, y a la compensación.

Sin restarle valor, este primer enfoque de derechos reconocidos legalmente es limitado. La protección a la vida y la salud no se cumple desde el momento en que consumimos miles de sustancias químicas añadidas a los alimentos procesados sin ser informados acerca de sus riesgos, ya que desconocemos la manera como contribuimos –mediante nuestro consumo– al deterioro del entorno, el planeta, nuestra salud y nuestra vida. Tampoco se ejerce plenamente el derecho a la educación y la información, y la reparación de daños provocados por el consumo de productos o servicios no es habitualmente cubierta por los proveedores, ya que los costos los asumen directamente los propios afectados o indirectamente los contribuyentes, cuando el Estado asume la responsabilidad de la reparación.

Por ello, uno de los objetivos de *El Poder del Consumidor*, es reforzar los derechos de los consumidores y ampliarlos con el reconocimiento de nuevos derechos aún no considerados por las leyes mexicanas.

También se tiene derecho a:

- La educación y la información.
- Bienes comunes y públicos.
- La efectiva prevención y reparación de daños.
- Proteger la economía del consumidor.
- La vida y salud del consumidor.[1]

Los derechos del comensal

El cliente no siempre tiene la razón, pero sí debe exigir calidad e higiene en los alimentos y un servicio amable sin abusos.

Es obligación de cualquier restaurante, dependiendo de su categoría, respetar los derechos del comensal con un servicio de calidad, que se caracterice por una atención personalizada, amable y puntual. Desde que se hace la reservación hasta que se paga la cuenta, el personal del establecimiento debe estar atento a las necesidades de quien lo visita.

[1] <elpoderdelconsumidor.org/los-derechos-del-consumidor/>.

La primera impresión

Para Fernando del Moral, director de la Hacienda de los Morales, todo empieza desde el momento en que el comensal es recibido por el *hostess*, quien le da la bienvenida; luego viene la asignación de la mesa, el ofrecimiento de aperitivos y la toma de la orden, lo cual se debe realizar con la más absoluta discreción y sutileza por parte del mesero.

La rapidez es un punto que el *chef* Gerardo Vázquez Lugo, propietario del restaurante "Nicos", considera relativa, porque depende del establecimiento y del platillo solicitado; sin embargo, coincide en que la tarea de los encargados de servir los alimentos es fundamental, para él: "Un buen servicio es cuando no se siente la presencia del mesero, pero no hace falta nada en la mesa".

Distintivos en la mesa

Para que los platillos dejen satisfechos a los comensales, el *chef* Enrique Olvera considera cuatro factores fundamentales: higiene, valor nutrimental, sabor y presentación, todos con la misma importancia. Considera que el trabajo de los médicos y de los cocineros es similar en cuanto a orden y limpieza, ya que ambos especialistas se preocupan por el bienestar de las personas.

Hoy día existen 1497 establecimientos que cuentan con el Distintivo H, otorgado desde 1990 a prestadores de servicios de alimentos y bebidas que cumplen con altos estándares de higiene.

Avalado por las secretarías de Turismo y Salud, la norma es solicitada de manera voluntaria. Si el lugar cuenta con instalaciones en buenas condiciones y personal que no ponga en riesgo la salud de los clientes, se otorga el distintivo por un año; para renovarlo se realizan visitas de verificación.

Comunicación total

Los comensales tienen derecho a recibir atenciones que los hagan sentir bien, por ello el mesero debe aclarar dudas en relación con los ingredientes del platillo y su preparación.

Las recomendaciones siempre son importantes, y en cuestión de maridaje, contar con la ayuda de un *sommelier* es fundamental.

Si el comensal no está a gusto con el servicio, debe comunicarlo y obtener una respuesta satisfactoria, ya sea por parte del mesero o el capitán. Lo ideal es no tener que recurrir al gerente o dueño del establecimiento.

A decir de Jorge Castro, presidente de la Asociación Mexicana de Restaurantes (AMR): "Cuando al cliente no le agrada el servicio, no tiene por qué dejar propina; en otros casos, si no le gusta un platillo porque le sale defectuoso, debe reportarlo de inmediato y con seguridad no se le cobra".

La modificación a la Ley de Protección a la Salud de los No Fumadores abre todo un debate con los restauranteros, ya que las reformas piden separar de manera física, mediante cristales, las áreas de fumadores y no fumadores.

"Los no fumadores tienen derecho a que no los fumigue el fumador", afirma Luis Gálvez, dueño del restaurante "Les Moustaches". Asimismo, Gerardo Vázquez Lugo, aun siendo fumador, argumenta que es una incomodidad cuando se va a comer y huele a humo de cigarro.

A la hora de pagar la cuenta, el comensal está en todo su derecho de revisar detenidamente las cifras para verificar que no haya "caballazo" (cargos extras). La opinión del cliente es importante, porque la mejor publicidad es la recomendación de "boca en boca", por ello Pedro López, docente de la escuela Servirbien, enumera los pasos de un buen servicio:

- Con reservación hecha, al comensal le asignan su mesa de manera inmediata, de lo contrario, si no hay lugar tendrá que esperar entre 20 y 30 minutos. El *hostess* debe recibirlo con amabilidad.
- Lo primero que se ofrece es un aperitivo, el cual se sirve en no más de 5 minutos. Posteriormente, el mesero le entrega la carta de alimentos y espera 5 minutos antes de tomarle la orden, o el tiempo que el comensal indique.
- Se deben aclarar todas las dudas del cliente respecto de la preparación e ingredientes de los platillos.
- Todas las preparaciones mencionadas en la carta deben estar disponibles.
- La carta de vinos se presenta inmediatamente después de haberse tomado la orden de alimentos.
- El restaurante de alta cocina debe contar con un experto en vinos para asesorar al comensal en cuanto a maridajes, para realzar sus platillos.
- Los vinos se abren y sirven enfrente del comensal, quien debe en el momento corroborar la buena calidad. En caso de encontrar el vino defectuoso o a temperatura inadecuada, el mesero traerá otra botella y se cambiará cuantas veces sea necesario.
- El pan y la mantequilla se sirven por el lado izquierdo, antes de que lleguen los platillos.
- Los platos se sirven por el lado derecho y se retiran por el izquierdo. La cuenta no debe tardar más de ocho minutos, y no se debe presionar al comensal para que deje propina.[2]

---

[2] <sincalumnia.blogspot.com/2008/10/los-derechos-del-comensal.html>.

ANEXO II. MANUAL DE ORGANIZACIÓN DEL DEPARTAMENTO DE CONTABILIDAD

Introducción

Este manual de organización contiene, de forma ordenada y sistemática, información acerca de la organización del departamento de contabilidad, con sus ventajas, servicios, reglas, políticas, etcétera.

Organigrama

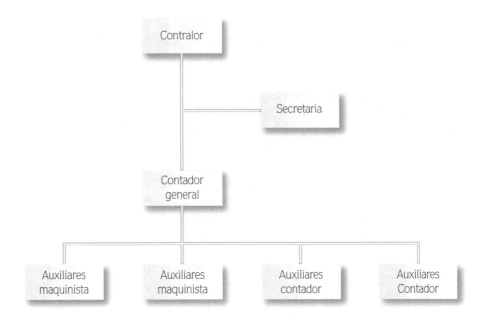

Objetivo

Lograr el control adecuado de las operaciones financieras, para suministrar información necesaria para la toma de decisiones.

Servicios

Proporcionar estados financieros, informes analíticos de cuentas, informes de carácter fiscal e información general.

Estados financieros. Son los documentos contables que muestran la situación financiera y los resultados de la empresa, respecto de un ejercicio fiscal.

Ventajas:

* Conocer la situación financiera de la empresa.
* Comprobar la consecución de los objetivos.
* Facilitar el análisis de la evolución de la empresa.
* Facilitar la toma de decisiones.
* Facilitar el análisis de cuentas.
* Facilitar el análisis por unidad de trabajo.
* Permitir que se proyecten resultados.

Reglas de servicio:

* La información proporcionada por el departamento de contabilidad se suministrará de acuerdo con las necesidades de presentación del usuario.
* Los estados financieros deberán ser firmados por el contador y el gerente general.
* Solo los jefes podrán solicitar la información analítica de cuenta, o sea que solo debe proporcionarse si se dispone de su autorización.
* Todo comprobante contable deberá ser autorizado por el jefe de cada departamento y entregado a contabilidad, diariamente hasta las 15 horas, dentro de los cinco días hábiles siguientes a la fecha de su expedición como máximo.
* Todo comprobante contable deberá traer el registro federal de contribuyentes (RFC) de la empresa que lo expidió; en caso contrario, no se recibirá.
* Todo registro contable debe ser autorizado por el contador.
* Los comprobantes contables irán acompañados por una breve descripción de la operación.
* Todo comprobante contable entregado a contabilidad debe ser recibido mediante un sello o firma de conformidad.
* A los comprobantes se les anotará la fecha y hora de recepción para demostrar su oportunidad.
* No se aceptarán comprobantes alterados, con excepción de los autorizados por la gerencia general.

Informe analítico de cuentas. Consiste en suministrar la información que especifique la integración detallada y los saldos de la cuentas contables de la empresa.

Ventajas:

- Facilitar el análisis de partidas de cada cuenta.
- Facilitar la toma de decisiones.
- Permitir el control de los saldos que merezcan mayor atención.
- Facilitar la depuración de cuentas y partidas.

Reglas de servicio:

- Solo los jefes podrán solicitar la información analítica de cuenta, o sea que solo debe proporcionarse si se dispone de su autorización.
- Todo registro contable debe ser autorizado por el contador.
- Los comprobantes contables deberán ir acompañados por una breve descripción de la operación.
- La solicitud debe hacerse por escrito y con tres días hábiles de anticipación a la fecha de entrega.
- Toda información de carácter fiscal debe ir firmada por el contador.

Informes de carácter fiscal. Es la documentación que suministra la información que muestra las obligaciones de la empresa con el Estado, de acuerdo con los resultados obtenidos en el periodo de un ejercicio.

Ventaja:

- Cumplir de manera oportuna con las obligaciones fiscales para evitar sanciones de cualquier índole.

Reglas de servicio:

- Deberán tenerse al día para presentar de manera oportuna las declaraciones del impuesto sobre la renta, a efecto de evitar sanciones.
- Toda información de carácter fiscal debe ser firmada por el contador de la empresa.

Información general. Consiste en suministrar información telefónica o de carácter urgente, después de consultar breve y rápidamente los registros contables.

Ventajas:

- Evitar la duplicidad en los controles y/o registros.
- Comparar o complementar los datos que requieran otros departamentos para el suministro de informes.

- Proporcionar rápida y eficazmente la información aclaratoria.
- Facilitar la toma de decisiones.
- Facilitar la corrección oportuna de partidas contables.

Reglas de servicio:

- Este servicio se otorgará dentro de las horas hábiles del departamento.
- Solo se dará información del mes en curso y del semestre natural anterior.
- La información de siete meses anteriores se proporcionará en un plazo de tres días hábiles.

Políticas

Pueden ser de servicio, de control interno, legales, de personal o fiscales.

Políticas de servicio:

- Todo comprobante entregado a contabilidad debe ser recibido mediante un sello o firma de conformidad.
- No deben recibirse comprobantes alterados, con excepción de los autorizados por la gerencia general.
- Todo registro contable deberá ser autorizado por el contador.
- Los estados financieros serán firmados por el contador y el gerente general.
- Los estados financieros se proporcionarán dentro de los primeros cinco días hábiles del mes siguiente.
- Todos los comprobantes contables deberán ir acompañados de una breve descripción de la operación.
- A todo comprobante se le anotará la fecha y hora de recepción para comprobar su oportunidad.

Políticas de control interno:

- La contabilidad se llevará mediante el método de registro analítico o pormenorizado.
- El departamento de contabilidad podrá solicitar la comprobación de los registros departamentales en el momento que lo considere necesario.
- Solo podrán expedirse cheques con la firma del contador y el gerente.
- El contador podrá decidir con qué instituciones bancarias debe trabajarse, de acuerdo con la conveniencia de la empresa.

- El registro de las operaciones que rebasen determinada cantidad, deberá ser autorizado por el gerente y el contador.
- El pago de impuestos debe ser liquidado siempre con cheque certificado de la cuenta número XXXX.
- El departamento de contabilidad vigilará que los gastos no excedan la cantidad presupuestada.
- Es responsabilidad del departamento de contabilidad mantener actualizado el inventario del mobiliario y el equipo de oficina.
- La gerencia administrativa informará y autorizará los cambios o correcciones en la aplicación de descuentos a clientes y proveedores.

Políticas legales:

- Toda jornada de trabajo que rebase ocho horas diarias será remunerada como tiempo extraordinario.
- El tiempo extraordinario trabajado no debe exceder de tres horas diarias ni de tres veces a la semana.
- Todo movimiento contable se registrará en idioma español, moneda nacional y orden cronológico (art. 36 del *Código de Comercio*).
- Todo comprobante contable debe conservarse hasta 10 años posteriores a la fecha del registro, y los libros contables hasta 10 años después de la liquidación de sus cuentas (art. 46 del *Código de Comercio*).
- El contador general es responsable de llevar y supervisar libro diario, mayor, de inventarios y balances, de facturas o comprobantes contables, y libros de actas.
- Los libros de contabilidad deberán presentarse a la Secretaría de Hacienda y Crédito Público para su autorización; estarán encuadernados, forrados, foliados y sellados con el timbre correspondiente y de la forma que prevengan las leyes.
- Es obligación de la empresa presentar los libros siempre que sean solicitados por la Secretaría de Hacienda y Crédito Público, con el simple requerimiento de esta.
- Las mujeres disfrutarán de un descanso de seis semanas anteriores y seis posteriores al parto, con goce de sueldo (art. 170 de la *Ley Federal del Trabajo*).

Políticas de personal:

- Todo empleado debe registrar la hora de entrada y salida en las tarjetas expresas para ello.
- El departamento de contabilidad debe trabajar de ocho a 16 horas, contando con 15 minutos de tolerancia; en caso de rebasar la tolerancia, la primera vez será objeto de amonestaciones, dos veces al mes

suspensión de un día sin goce de sueldo, quedando a juicio del jefe la fecha de suspensión. Lo anterior debe constar en el contrato individual de trabajo o en el reglamento interior de trabajo de la empresa, para que pueda ser aplicado.

- El sueldo devengado por el personal será cubierto por la empresa por quincenas vencidas los días 1 y 16 de cada mes; si estos son festivos, se pagará al siguiente día hábil.
- La empresa entregará a su personal, por concepto de gratificación anual, un mes y medio de sueldo por cada año cumplido.
- Como prestación y sin que sea de carácter obligatorio, la empresa cubrirá 25 % del impuesto sobre productos del trabajo que cause cada empleado.
- Todo empleado gozará de 30 minutos para tomar alimentos, designando el jefe del departamento la hora más adecuada y que no trastorne el desarrollo normal del trabajo.
- Las aportaciones al IMSS serán cubiertas en su totalidad por la empresa, sin que repercutan en el personal.
- Toda persona que solicite su cambio de contabilidad a otra área debe recabar la autorización del gerente general.
- La empresa subsidiará a los empleados con 50 % de los gastos de guardería que requieran sus hijos de un mes a cinco años de edad.

Políticas fiscales:

- La declaración del impuesto sobre la renta debe presentarse en los formatos establecidos por la Secretaría de Hacienda y Crédito Público.
- Cuando exista excedente de impuestos pagados a la Secretaría de Hacienda y Crédito Público, se solicitará a esta su devolución.
- Es responsabilidad del departamento presentar la declaración mensual del impuesto sobre la renta dentro de los 15 días siguientes al mes que corresponda, y su ajuste anual del 1 de enero al 30 de marzo del año siguiente, respecto del ejercicio fiscal anterior.

Funciones

Entre las principales funciones se concentran:

- Registrar de manera oportuna las operaciones de la empresa valorizadas en dinero.
- Informar sobre la situación y transacciones financieras de la empresa y los estados financieros.
- Controlar los activos de la empresa.

- Realizar inventarios de los activos que lo necesiten.
- Efectuar pronósticos de la situación financiera.
- Actualizar los conocimientos en materia fiscal.
- Proporcionar los informes y declaraciones fiscales.
- Actualizar los sistemas contables.

Procedimientos sintéticos

Registrar de manera oportuna las operaciones valorizadas en dinero. Obtener los comprobantes contables, revisarlos, clasificarlos y anotar las cuentas contables correspondientes. Registrarlos en el diario continental, auxiliares y libro mayor. Verificar auxiliares contra diario mayor y archivar los compromisos contables.

Informar sobre las transacciones financieras de la empresa. Con los saldos del mayor, elaborar el estado de pérdidas y ganancias, el balance general (trimestral, anual y comparativo); comprobar resultados y obtener glosa (concentrado); elaborar el estado de origen y aplicación de recursos, para que con este se produzca el estado de modificación al capital de trabajo; formular la interpretación de los estados que reflejen la solvencia, estabilidad y productividad de la empresa; elaborar y enviar a la dirección la glosa o informe de la interpretación de los resultados, anexando los estados financieros mencionados.

Controlar los activos de la empresa. Realizar los arqueos periódicos de caja; conciliar los estados de cuenta bancarios; verificar la cartera de clientes y su funcionamiento; realizar los inventarios y cuidar que las altas y bajas sean registradas de manera oportuna; verificar que los cálculos de depreciación se efectúen conforme a las tasas de la *Ley del Impuesto sobre la Renta* y que sean anuales; efectuar los asientos de ajuste por amortización; intereses pagados por anticipado, etcétera.

Efectuar los pronósticos de la situación financiera de la empresa. A las cifras obtenidas en el balance general y estado de pérdidas y ganancias, aplicar las fórmulas de pronóstico y, con estos datos, elaborar el balance general así como el estado de pérdidas y ganancias de pronóstico; obtener y analizar los límites de variación superior e inferior; elaborar gráficas e informes con dichas variaciones y presentarlas a la dirección.

Proporcionar informes y declaraciones fiscales. Determinar el régimen y situación fiscal de la empresa, para lo que habrán de consultarse las escrituras constitutivas, *Constitución Política de los Estados Unidos Mexicanos, Código Fiscal de la Federación, Ley del Impuesto sobre la Renta, Ley del Timbre* y leyes especiales; programar las obligaciones fiscales; elaborar avisos o manifestaciones de impuestos; expedir cheques y pagar en las oficinas federales de Hacienda correspondientes; contabilizar y archivar comprobantes o documentos; obtener información de libros y auxiliares por monto y tipo de impuestos; obtener adeudos; determinar fecha a cubrir; elaborar informes y presentarlos a la dirección.

Actualizar los conocimientos en materia fiscal. Consultar el *Diario Oficial de la Federación*, seleccionar la información y compararla con las leyes correspondientes; asistir a seminarios y conferencias de actualización; comunicar de manera oportuna a las personas que corresponda; registrar los nuevos ordenamientos en el manual de organización y archivar ordenadamente la información.

Realizar los inventarios que se necesiten (almacén). Realizar las políticas de control interno de las áreas que controlen cuentas de referencia y convenir la fecha de inventario; hacer listados de modelos; seleccionar al personal y capacitarlo; realizar los conteos físicos, anotarlos en las hojas de registro y obtener el total por artículo; determinar faltantes o sobrantes; valorizar las diferencias, contabilizarlas y ajustar los registros necesarios.

Actualizar los sistemas contables. Revisar las funciones de la empresa, analizarlas, compararlas y determinar la forma como se realizan; definir soluciones o alternativas y seleccionar la mejor, evaluar en tiempo y costo, incluyendo el diseño o modificación de formatos, requerimientos de información y necesidades de mobiliario, equipo y capacitación para el personal; implantar las soluciones, evaluar los resultados y realizar los ajustes necesarios.

ANEXO III. CATÁLOGO DE CUENTAS. RESTAURANTES

I. CUENTAS DE BALANCE*

Codificación (Cuentas mayores)	Estructura
100-109	Activo corriente
110-119	Planta-propiedad-equipo
120-129	Inversiones largo plazo
130-139	Intangibles
140-149	Diferidos
150-159	————
200-209	Pasivos corrientes
210-219	Préstamos largo plazo
220-229	Estimaciones y provisiones
300-309	Capital social
310-319	Utilidad y reservas
320-329	Donaciones

– Estructura de codificación (cuentas de balance)

122	3	08
Cuenta mayor 3 dígitos	Subcuenta 1 dígito	Auxiliar 2 o 3 dígitos

– Especificación del plan de cuentas de balance.

* Adolfo Scheel Mayenberger, *Control de alimentos y bebidas*, Universidad Externado de Colombia, Hotelería y Turismo, serie Finanzas, Colombia, 1989.

I. CUENTAS DE BALANCE. (*Continuación.*)

Cuenta mayor	Subcuenta	Auxiliar	Nombre de la cuenta
100			Efectivo
	1		Caja principal
		01	General
		02	Restaurante
		03	Bar
		04-09	–
	2		Bancos
		01	Bco. A
		02	Bco. B
		03-09	–
	3		Corporaciones
		01	Corp. A
		02	Corp. B
		03-09	
	4		Consignaciones por depósitos
101			Cuentas por cobrar
	1		Particulares
		01	A
		02	B
		03-99	–
	2		Tarjetas de crédito
		01	Diners
		02	Credibanco
		05-09	–
	3		Deudores
		01-20	Socios
		21-50	Funcionarios y empleados
		51-55	Arrendatarios
		56-69	Anticipos
		70-79	Intereses acumulados

		80-89	Letras de cambio
		89-99	Efectos por cobrar
	4		Provisión cuentas incobrables
102			Inversiones temporales
	1		Certificados
	2		Inversiones término fijo
		01	A
		02	B
		03-09	–
	3		Acciones
		01	A
		02	B
		03-09	–
	4		Cédulas de capitalización
		01	A
		02	B
		03-09	–
	5		Bonos
	6		Otros títulos valores
103			Inventarios
	1		Alimentos
	2		Bebidas
	4		Cigarrillos
			Suministros
		01	Aseo
		02	–
		03	Papelería
		04	Impresos
		05	Accesorios, mantenimiento
104			Gastos pagados por anticipado
	1		Seguros
		01-09	Incendio
		10-19	Responsabilidad civil

I. CUENTAS DE BALANCE. (*Continuación.*)

Cuenta mayor	Subcuenta	Auxiliar	Nombre de la cuenta
		20-39	Manejo y cumplimiento
		40-49	Robo-terceros (vehículos)
		50-59	Vida
		60-69	Otros
	2		Intereses
		01-09	Bancarios
		10-19	Corporación financiera
		20-29	Otras entidades financieras
		30-39	Particulares
	3		Impuestos
		01	Predial
		02	Renta y complementarios
		03	Vehículos
		04-09	–
	4		Publicidad
		01	Afiches y calcomanías
		02	Fotografías postales
		03	Avisos prensa
		04	Radio
		05	Televisión
		06	Avisos revistas
		07	Vallas
		08	Folletos
		10	*Souvenir*
		11	Agencias de publicidad
		12	Estudios de mercadeo
		13	Atenciones
		14	Gastos de viaje
		15	Viáticos

		16-20	–
	5		Suscripciones
		01-19	A–
	6		Contratos de mantenimiento
		01	Propiedad
		02	Equipos eléctricos
		03	Cuartos fríos
		04	Equipo teléfono
		05	Equipo oficina
		06	Equipo cocina
		07	Otros equipos
		08	Muebles y enseres
		09	Vehículo
		10	Jardines
	7		Contratos servicios Profesionales
		01-09	A
	8		Otros gastos prepagados
		01-09	A–
110			Terrenos
111			Construcciones en curso
112			Propiedad, local
113			Muebles y enseres
	1		Oficinas
		01-999	A–
	2		Dotación restaurante
		01-999	A–
	3		Dotación bar
		01-999	A–
	4		Servicios empleados
		01-999	A–
	5		Servicios generales

I. CUENTAS DE BALANCE. (*Continuación.*)

Cuenta mayor	Subcuenta	Auxiliar	Nombre de la cuenta
		01-999	A–
114			Maquinaria y equipo
	1		Oficinas
		01-999	A–
	2		Cocinas
		01-999	A–
	3		Puntos de venta
		01-20	Restaurante
		21-29	Bar
	4		Servicios generales
		01-999	A–
115			Vehículos
	1		A
	2-9		B
116			Depreciación acumulada
		1	Propiedad
		2	Muebles y enseres
		3	Maquinaria y equipo
		4	Vehículos
117			Activos de operación
		1	Cristalería
		2	Loza
		3	Cubertería
		4	Mantelería
		5	Utensilios de cocina
		6	Utensilios bar
		7	Uniformes
118			Reposición Act. operación
		1	Cristalería

		2	Loza
		3	Cubertería
		4	Mantelería
		5	Utensilios de cocina
		6	Utensilios bar
		7	Uniformes
120			Acciones
	1-9		A–
121			Bonos
	1-9		A–
122			Fondos de inversión
	1-9		A–
123			Préstamos empleados
	1-9		A–
130			*Good-Will*
140			Gastos de preapertura
141			Estudios diversos
142			Reparaciones locativas
143			Intereses capitalizables
144			Impuestos sobre valorización
201			Cuentas por pagar
	1		Proveedores-Cuentas de cobro
		01-999	A–
202			Documentos por pagar
	1		Obligaciones por pagar
		01-09	Bancarias
	2		Letras de cambio
		01-09	A–
203			Gastos acumulados por pagar
	1		Impuestos
		01	Renta y complementarios
		02	Industria comercio

I. CUENTAS DE BALANCE. (*Continuación.*)

Cuenta mayor	Subcuenta	Auxiliar	Nombre de la cuenta
		03-09	Otros impuestos
	2		Servicios
		01	Agua
		02	Electricidad
		03	Teléfono
	3		Intereses
		01-09	Bancarios
		10-19	Corporaciones
		20-29	Otras entidades financieras
		30-39	Particulares
	4		Efectos sociales
		01	Subsidio familiar
		02	–
		03	–
		04	–
	5		Salarios
		01	Sueldos y jornales
		02	Horas extra
		03	Dominicales
		04	Recargo nocturno
		05	Subsidio transportes
	6		Prestaciones
		01	Cesantía
		02	Prima legal
		03	Vacaciones
		04	Intereses cesantías
	7		Contratos por pagar
		01-29	A–

	8		Viajes y otros gastos acumulados
		01-05	Agencia de viajes
		06-29	Hoteles
		30-39	Aerolíneas
		40-59	Restaurantes
	9		Beneficios al personal
204			Retenciones por pagar
		1	Retención
		2	–
		3	Propinas
		4	Fondo de empleados
		5	Sindicato
		6-9	–
205			Depósitos
	1		Eventos-banquetes
	2		Anticipos otros servicios
206			Participaciones por pagar
		1-9	A–
207			Participación cuenta
			Préstamo largo plazo
		1-9	A–
210			Préstamo largo plazo *A*
211			Préstamo largo plazo *B*
212-219			Préstamo largo plazo *C*
220			Provisión cesantías
221			Demandas laborales
300			Capital social
		1-9	A–
310			Utilidad retenida
311			Utilidad-pérdida
312			Participaciones

I. CUENTAS DE BALANCE. (*Continuación.*)

Cuenta mayor	Subcuenta	Auxiliar	Nombre de la cuenta
313-319			Reservas
320-329			Donaciones

II. CUENTAS DE RESULTADO

Clasificación	Estructura
400	Ventas
401	Descuentos
402	Otros ingresos
500	Costo de venta
600	Salarios
601	Prestaciones
602	Aportes patronales
603	Beneficio al personal
604	Otros gastos
605	Gastos a la propiedad e impuestos

– Estructura de codificación (Cuentas de resultado)

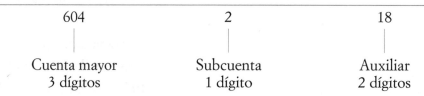

604	2	18
Cuenta mayor 3 dígitos	Subcuenta 1 dígito	Auxiliar 2 dígitos

–Especificación del plan de cuentas de resultado.

Cuenta mayor	Subcuenta	Auxiliar	Nombre de la cuenta
400			Ventas
	1		Alimentos
	2		Bebidas
	3		Cigarrillos
	4-9		–
401			Descuentos
	1		Alimentos
	2		Bebidas
	3		Cigarrillos
	4-9		–
402			Otros ingresos
	1		Alquiler salones
	2		Descorche
	3		*Covers*
	4		Miscelánea banquetes
	5		Venta desperdicios
	6		Comisiones varias
	7		Descuentos ganados
		8-9	–
500			Costo de venta
	1		Alimentos
	2		Bebidas
	3		Cigarrillos
	4-9		–
600			Salarios
	1		Sueldos y jornales
	2		Horas extra
	3		Dominicales
	4		Recargo nocturno
	5		Subsidio transportes

II. CUENTAS DE RESULTADO. (*Continuación.*)

Cuenta mayor	Subcuenta	Auxiliar	Nombre de la cuenta
601			Prestaciones
	1		Cesantías
	2		Prima legal
	3		Vacaciones
	4		Intereses cesantías
	5		Prima extralegal
	6		Preavisos e indemnizaciones
602			Aportes patronales
	1		–
	2		–
	3		–
	4		–
603			Beneficio al personal
	1		Médicos
	2		Seguro colectivo
	3		Bonificación
	4		Auxilio maternidad
	5		Gastos funerarios
	6		Cultura y entretenimiento
	7		Comida empleados
	8		Comida funcionarios
	9		Capacitación
604			Otros gastos
	1		Gastos directos de operación
		01	Cristalería
		02	Loza
		03	Cubiertos
		04	Mantelería
		05	Utensilios cocina

	06	Utensilios bar
	07	Uniformes
	08	Envases
	09	Suministro aseo
	10	Suministro consumidores
	11	Combustible cocina
	12	Hielo
	13	Agua cristal
	14	Alimentos dañados
	15	Bebidas dañadas
	16	Contrato de limpieza
	17	Alquiler varios
	18	Lavandería
	19	Suministro varios
	20-99	–
2		Música y entretenimiento
	01	Orquestas y músicos
	02	Animadores
	03	Alquiler de equipos
	04	Programas
	05	Derechos
3		Publicidad y promoción
	01	Portes y telegramas
	02	Gastos de viaje
	03	Viáticos
	04	Gastos de representación
	05	Atenciones
	06	Afiches y calcomanías
	07	Fotografías y postales
	08	Avisos prensa
	09	Radio
	10	Televisión

II. CUENTAS DE RESULTADO. (*Continuación.*)

Cuenta mayor	Subcuenta	Auxiliar	Nombre de la cuenta
		11	Avisos y revistas
		12	Vallas
		13	Folletos
		14	*Souvenir*
		15	Agencias de publicidad
		16	Estudios de mercado
		17	Suministro
		18	Fotocopias
		19	Alquiler varios
		20	Decoración
		21-99	–
	4		Servicios
		01	Agua
		02	Electricidad
	5		Administración y generales
		01	Comisión tarjetas
		02	Servicio computador
		03	Seguros de manejo
		04	Honorarios profesionales
		05	Teléfono
		06	Comisiones bancarias
		07	Servicios bancarios
		08	Portes y telegramas
		09	Suministro y papelería
		10	Suministro impresos
		11	Cuentas incobrables
		12	Seguridad y vigilancia
		13	Gastos legales
		14	Fletes y acarreos

		15	Transporte urbano
		16	Gastos de viaje
		17	Viáticos
		18	Faltantes-sobrantes caja
		19	Gastos de cobranza
		20	Suscripciones
		21	Suministros varios
		22	Alquiler varios
		23	Fotocopias
		24	Combustible
		25	–
	6		Reparación y mantenimiento
		01	Elementos de trabajo-Herramientas
		02	Lubricantes
		03	Accesorios mantenimiento
		04	Suministros varios
		05	Reparación equipos eléctricos
		06	Reparación cuartos fríos
		07	Reparación equipo teléfono
		08	Reparación equipo oficina
		09	Reparación equipo cocina
		10	Reparación muebles y enseres
		11	Mantenimiento vehículo
		12	Mantenimiento instalaciones eléctricas y plomería
		13	Mantenimiento local
		14	Jardines
605			Gastos a la propiedad e impuestos
	1		Seguros
		01	Incendio
		02	Responsabilidad civil

II. CUENTAS DE RESULTADO. (*Continuación.*)

Cuenta mayor	Subcuenta	Auxiliar	Nombre de la cuenta
		03	Robo-terceros (vehículo)
		04	–
		05	–
	2		Gastos financieros
		01-09	Bancarios
		10-19	Corporaciones financieras
		20-29	Otras entidades financieras
		30-39	Particulares
	3		Depreciación
		01	Propiedad (edificio)
		02	Muebles y enseres
		03	Maquinaria y equipo
		04	Vehículos
	4		Amortización diferidos e intangibles
		01	Gastos de preapertura
		02	Estudios diversos
		03	Reparaciones locativas
		04	Impuestos sobre valorizaciones
		05	Intereses capitalizables
		06	*Good-Will*
		07	–
	5		Impuestos

ANEXO IV

Psicología del color [3]

¿Por qué la mayoría de los restaurantes, ya sea de comida rápida o de otro tipo, están pintados por dentro de color rojo, amarillo y verde? Porque son colores que despiertan el apetito (al igual que el naranja), sin embargo, no pueden soportarse por mucho tiempo, por ello, después de comer, el comensal siente ganas de retirarse y así más personas pueden comer e irse pronto después de hacerlo. Esto es parte de la psicología del color.

La fuerza del color provoca más de lo que se cree en realidad. El color no es solo una sensación, sino un verdadero lenguaje del sentimiento; con frecuencia se escuchan expresiones que revelan un peculiar imaginario colectivo: un negro presentimiento, amarillo de ira, un rosado porvenir, la verde esperanza, un día gris, etcétera.

Aquellos colores que escogemos a la hora de vestir no solo hablan de nuestra alegría, estado anímico, nuestros deseos de impresionar o lucir atractivos; también reflejan lo que somos, anhelamos y pensamos. Son la viva expresión de nuestra psique. El uso estudiado de cualquiera de los colores fríos (azules, violetas y verdes) y los cálidos (rojos, amarillos y naranjas) produce reacciones psicológicas que uno debe aprender a manejar a favor de lo que quiera trasmitir.

El color es uno de los elementos que ha recibido atención por psicólogos y publicistas. Daniel Starch, uno de los pioneros en el campo de la investigación publicitaria, sostuvo que en primer lugar hay que señalar que la reacción ante un color es la mezcla de mecanismos instintivos del apren-

[3] <www.mmug.cl>.

253

dizaje social. Como ejemplo tenemos el color rojo que acelera la circulación sanguínea y la respiración (perspectiva fisiológica) y al mismo tiempo posee un valor simbólico desde una perspectiva cultural (el matrimonio en China).

Bams indica que el color es un factor vital que ejerce influencia emocional y puede perturbar el estado de la conciencia, por él se estimula la tensión y el interés, se impulsa un deseo, se crea una sensación de ambiente, actúa la imaginación y se produce un sentimiento de simpatía o repulsión.

Durante la Segunda Guerra Mundial los alemanes realizaron experimentos con los colores. En uno de ellos reconstruyeron ambientes circulares pintados de rojo, los individuos sometidos a ese encierro resultaron dementes en pocos días debido a la influencia de la forma y especialmente del color. La vista está acostumbrada a diferenciar formas y colores, frente a esa experiencia se produjeron alucinaciones que trastornaron sus mentes.

En otro experimento obligaron a las personas a levantar pesos mientras colocaban cartulinas de diversos colores frente a ellas; los hombres levantaban con facilidad pesos cuando tenían frente a ellos colores fuertes como el rojo, pero no podían levantarlos cuando se les presentaba el verde.

El color es algo más que una moda, es un recurso psicológico y maravilloso de manifestar la personalidad. Los colores emiten radiaciones y algunas personas son más susceptibles que otras a ellas, pero todos tienen características peculiares que influyen en nuestras reacciones.

La cultura que poseen las diversas sociedades desempeña un papel importante en la apreciación de los colores, así el luto se representa con negro en la cultura occidental, pero en Japón el blanco es el que trasmite el dolor ante la pérdida de un ser querido. Como convención cultural también encontramos el color en la codificación que hacen los enamorados, quienes representan el amor con rojo, el desprecio con amarillo y la esperanza con verde.

11 colores: características, connotaciones y datos curiosos

Rojo. Color parecido al de la sangre, el primero del espectro solar. Es símbolo de fuerza y dinamismo, implica sentimientos de amor y agresión, trasmite imágenes mentales de fuego y sangre. Tiene efectos enervantes, estimula la mente y atrae la atención. Está asociado directamente con el sol, por ello las personas suelen sentirse acaloradas en ambientes pintados de rojo, a pesar de que la temperatura como tal no varíe, es el que más adrenalina produce y también el que más eleva el pulso, la presión sanguínea y multiplica la energía, revela pasión, pero también la trasmite.

Se ha descubierto que la gente permanece por más tiempo en presencia del rojo. Aumenta el apetito, algunas cosas tienen mejor sabor si son rojas o si tienen algo de ese color. Esto hace que sea el color preferido por los dueños de bares, restaurantes y algunas cafeterías.

Dentro de la denominación general de rojo o colorado, se halla gran variedad de matices que se expresan por los nombres de cosas concretas que los poseen o por derivados de ellos, tales como rosa, salmón, coral, encarnado, bermejo, grana o carmesí, granate, etcétera.

Es un color que connota picardía, actividad, ternura, encanto y diversión; cuando no conflictos y dominación. Para equilibrar un diseño se aconseja emplear toques azules (calmantes) y/o verdes (generosos).

Marrón. Es masculino, severo, confortable, evoca imágenes mentales de otoño, connota compromiso y equilibrio. Trasmite objetividad quizá porque nos recuerda el color de la tierra que pisamos.

Rosado. Es tranquilizador, pero sus efectos solo duran de 15 a 20 minutos. En algunas prisiones los dormitorios de los presos están pintados de rosa para ver si así despiertan menos agresivos.

Naranja. Color parecido al de la fruta naranja, es el segundo del espectro solar y puede obtenerse mezclando rojo y amarillo. Es un color que refleja informalidad, hospitalidad y precios bajos. De ahí que sea el favorito de cadenas de cafeterías populares.

Los diversos matices de naranja connotan cariño, emotividad, amistad, pero también un estado temperamental y un poco de egoísmo. ¿Por qué no otorgar a un diseño el toque intelectual del amarillo o la humildad del verde?

Amarillo. Color parecido al del oro. El tercero del espectro solar. Es un color alegre, asociado a la luz solar, joven, vivo, extrovertido. Llama la atención, aumenta la ansiedad y el nerviosismo. Los bebés lloran más en las habitaciones amarillas y los conductores de autos amarillos están más propensos a tener peleas en el tráfico.

En Estados Unidos los taxis son amarillos por dos razones: para diferenciarlos de los demás autos porque el amarillo es un color de los que más atrae las miradas, por consiguiente, son más fáciles de detectar cuando hay exceso de tráfico. Es el último color con el que deben pintarse los consultorios de dentistas y las aulas de colegios o guarderías de niños. Connota gran inteligencia financiera y buena orientación profesional.

Verde. Color parecido al de la hierba fresca, es el cuarto del espectro solar y puede obtenerse mezclando amarillo y azul. Connota esperanza, frescura, inmadurez, libertad y juventud (de ahí la expresión "en mis años verdes"). Es sedante y equilibrado, disminuye el ritmo cardiaco y estimula las sensaciones de seguridad y tranquilidad; lleva a asociaciones ligadas a la naturaleza y a la vegetación. Por eso el campo es relajante y los quirófanos son verdes.

Verde mar, matiz parecido al del mar.
Verde esmeralda, matiz brillante parecido al de la esmeralda.
Verde montaña o de tierra, de matiz claro producido por el carbonato de cobre terroso.

Es un color que expresa generosidad y relaciones sanas. Las gamas de verde cercanas al amarillo connotan fuerza activa y soleada; las cercanas al azul, sobriedad y sofisticación. El uso excesivo de verde dentro de un diseño trasmite dependencia, para contrarrestar este efecto es aconsejable emplear toques de naranja.

Azul. Color parecido al cielo sin nubes, es el quinto en el espectro solar. Connota madurez, sobriedad y sabiduría; expresa claridad, frescura, frío, ligereza, transparencia. Es un color relajante debido a que estimula las hormonas tranquilizadoras del cerebro; disminye el apetito y evoca imágenes mentales de mar y aire. Posee la habilidad de crear la ilusión óptica de retroceder, cuanto más claro, posee menor atracción y se torna indiferente, cuanto más oscuro, mayor es la atracción hacia el infinito.

Azul celeste, el más claro.
Azul cobalto, un poco más oscuro que el celeste (resulta de calcinar una mezcla de alúmina y fosfato de cobalto).
Azul Prusia, el intermedio entre el cobalto y el marino.
Azul marino, el muy oscuro resultante de pulverizar lapislázuli.
Azul turquesa, el ligeramente verdoso.
Azul turquí, el muy oscuro, casi negro.
Azul de Sajonia, disolución de índico en ácido sulfúrico concentrado.

Es un color que trasmite serenidad, exactitud, responsabilidad; pero también timidez, un poco de aburrimiento, escasez de energía y bríos. Una dosis de rojo, dentro de un diseño, añade pasión; algo de naranja, expresividad.

Violeta. Color parecido al de la flor violeta, es el séptimo del espectro solar y se obtiene mezclando carmín y azul. Connota fe, devoción, templanza, lucidez y castidad. Cuando el color violeta se aproxima a los matices de púrpura, proyecta una sensación de majestuosidad.

Es místico, melancólico, expresa introspección, afición por los asuntos espirituales. Complementarlo con algo de amarillo otorga un toque de firmeza al diseño.

Blanco. Color de la nieve, de la luz solar que algunos cuerpos reflejan sin descomponerla, sobrio, luminoso, simboliza la inocencia, lo puro, lo inaccesibe. Crea la impresión de vacío e infinidad (los objetos o personas, en fondo blanco, parecen flotar).

Negro. Ausencia de la luz y por ende de todo color. Connota tristeza, melancolía, desgracia. Oscuro y compacto, está asociado a sentimientos de misterio, a pesar de connotar nobleza y dignidad, simboliza desesperación y muerte.

El negro en nuestra sociedad expresa el luto y el dolor, por tal razón se relaciona con lo desconocido, misterioso, tétrico y ófrico (por ejemplo, el afiche de la película *El Exorcista*). También expresa elegancia, estatus y madurez (aspecto opuesto al uso del amarillo).

Gris. Trasmite neutralidad y pasividad, simboliza la indecisión y la ausencia de energía, expresa duda y melancolía. Sin embargo, como color metálico da la sensación de brillantez, lujo y elegancia, gracias a su asociación con la opulencia y la plata.

Características del servicio[4]

- Ofrecer productos y servicios al comensal con eficacia.
- Entregar al comensal productos con rapidez y oportunidad.
- Dirigir toda acción siempre con atención al comensal.
- Siempre actuar con honradez.
- Procurar que el comensal siempre mantenga la confianza en la empresa.

Recuerde que un servicio

- Es **intangible** (no puede medirse).
- Es **perecedero** (momentáneo).
- Es **estándar** (un platillo se produce uniforme, por tanto en el servicio depende la acción).
- Requiere **participación** (se ofrece dentro de un marco de tiempo, el comensal participa en la formulación y ejecución).

[4] Laura Fisher, *Mercadotecnia*, McGraw-Hill, México, 2000.

BIBLIOGRAFÍA

Asociación Mexicana de Restaurantes, A. C., *Estudio anual estadístico*, 1984, México.

Axler, Bruce H., *Foodservice*: *A Managerial Approach*, The National Institute of the Foodservice Industry, 1979.

Banamex, *Examen de la situación económica de México*, vol. IX, núm. 699, México, febrero de 1984.

Block y Gómez, *Innovación a la información contable*, Trillas, México, 1976.

Bocchino, William A., *Sistemas de información para la gerencia*, Trillas, México, 1982.

Correl, William B., *Biblioteca de negocios modernos*, UTEHA, México, 1984.

Cuello, Luis Felipe, *Seminario de teoría del empresario*, México, 1981.

De la Fuente, Ricardo, *Organización administrativa de las empresas*, ECASA, México, 1984.

Desatnich, Robert, *Cómo conservar su clientela. El secreto del servicio*, Legis, México, 1989.

Diccionario ilustrado de la Lengua Española, Sopena, España, 1984.

Druker, Peter, F., *La efectividad en el manejo de las empresas*, Hermes, México, 1986.

_____, *La gerencia efectiva*, Hermes, México, 1986.

Elizondo López, Arturo, *El proceso contable*, Siglo Nuevo Editores, México, 1984.

Fernández Armas, Gonzalo, *Estados financieros. Análisis e interpretación*, UTEHA, México, 1977.

Fisher Laura, *Mercadotecnia*, McGraw-Hill, México, 2000.

Franco Díaz, Eduardo, *Diccionario de contabilidad*, Siglo Nuevo Editores, México, 1984.

Gallego, Jesús Felipe, *Marketing para hoteles y restaurantes (en los nuevos escenarios)*, Paraninfo, España, 2009.

García Cantú, Alfonso, *Enfoques prácticos para planeación y control de inventarios*, Trillas, México, 1981.

Gittelson, Bernard, *El secreto del millón de dólares*, Compañía General de Ediciones, México, 1985.

Lundberg, Donald E., *Manual de organización y administración de hoteles y restaurantes*, vols. 1 y 3, Centrum, España, 1986.

Macías Pineda, Roberto, *Análisis e interpretación de los estados financieros*, ECASA, México, 1991.

Martin, William B., *Guía de servicios en restaurantes*, Trillas, México, 1991.

Mayer, Jean, *The Chronicle of Higher Education*, Universidad de Tufts, Estados Unidos de América, 1980.

Oxenfeldt, Miller y Dickenson, *Un enfoque básico para la toma de decisiones por los ejecutivos*, Diana, México, 1981.

Peters, Thomas J. y Robert H. Watermann, *En busca de la excelencia*, Lasser Press, México, 1982.

Reyes Ponce, Agustín, *Administración de empresas. Teoría y práctica*, primera parte, Limusa, México, 1975.

Rodríguez Martínez, Mauricio, *Maximización de resultados para la pequeña empresa de servicios*, Grupo Editorial Norma, Colombia, 2005.

Ruiz, Ma. del Carmen, *La importancia de los tiempos y movimientos en la producción de comida rápida*, tesis profesional, Escuela Panamericana de Hotelería, México, 1994.

Sarquís Ramírez, Norma Aída, *El servicio, el otro factor*, tesis profesional, Escuela Panamericana de Hotelería, México, 1992.

Scheel Mayenberg, Adolfo, *Control de alimentos y bebidas*, Universidad Externado de Colombia, Hotelería y turismo, serie Finanzas, Colombia, 1989.

Schumpeter, Joseph, *Capitalismo, socialismo y democracia*, Biblioteca de Economía, Ediciones Orbis, México, 1983.

Terry, George, *Principios de administración*, CECSA, México, 1986.

Universidad de Harvard, *Clásicos Harvard de la adminsitración*, Promociones editoriales, 1986.

Villanueva Rodríguez, Jorge, *Administración simplificada*, Compañía General de Ediciones, México, 1979.

Warner, Mickey, *Industrial foodservice and Cafeteria Management*, Cahners Books, Estados Unidos, 1973.

ÍNDICE ANALÍTICO